A EDUCAÇÃO AMBIENTAL
E A IGREJA EVANGÉLICA

Editora Appris Ltda.
1.ª Edição - Copyright© 2025 da autora
Direitos de Edição Reservados à Editora Appris Ltda.

Nenhuma parte desta obra poderá ser utilizada indevidamente, sem estar de acordo com a Lei nº 9.610/98. Se incorreções forem encontradas, serão de exclusiva responsabilidade de seus organizadores. Foi realizado o Depósito Legal na Fundação Biblioteca Nacional, de acordo com as Leis nos 10.994, de 14/12/2004, e 12.192, de 14/01/2010.

Catalogação na Fonte
Elaborado por: Josefina A. S. Guedes
Bibliotecária CRB 9/870

C837e 2025	Costa, Iracy Lima Cazaes A educação ambiental e a igreja evangélica / Iracy Lima Cazaes Costa. – 1. ed. – Curitiba: Appris, 2025. 95 p. ; 21 cm. – (Geral). Inclui referências. ISBN 978-65-250-7450-4 1. Educação ambiental. 2. Meio Ambiente. 3. Igrejas. I. Título. II. Série. CDD – 363.7

Livro de acordo com a normalização técnica da ABNT

Appris *editora*

Editora e Livraria Appris Ltda.
Av. Manoel Ribas, 2265 – Mercês
Curitiba/PR – CEP: 80810-002
Tel. (41) 3156 - 4731
www.editoraappris.com.br

Printed in Brazil
Impresso no Brasil

Iracy Lima Cazaes Costa

A EDUCAÇÃO AMBIENTAL
E A IGREJA EVANGÉLICA

Appris
editora

Curitiba, PR
2025

FICHA TÉCNICA

EDITORIAL
: Augusto Coelho
Sara C. de Andrade Coelho

COMITÊ EDITORIAL
: Ana El Achkar (Universo/RJ)
Andréa Barbosa Gouveia (UFPR)
Antonio Evangelista de Souza Netto (PUC-SP)
Belinda Cunha (UFPB)
Délton Winter de Carvalho (FMP)
Edson da Silva (UFVJM)
Eliete Correia dos Santos (UEPB)
Erineu Foerste (Ufes)
Fabiano Santos (UERJ-IESP)
Francinete Fernandes de Sousa (UEPB)
Francisco Carlos Duarte (PUCPR)
Francisco de Assis (Fiam-Faam-SP-Brasil)
Gláucia Figueiredo (UNIPAMPA/ UDELAR)
Jacques de Lima Ferreira (UNOESC)
Jean Carlos Gonçalves (UFPR)
José Wálter Nunes (UnB)
Junia de Vilhena (PUC-RIO)

Lucas Mesquita (UNILA)
Márcia Gonçalves (Unitau)
Maria Aparecida Barbosa (USP)
Maria Margarida de Andrade (Umack)
Marilda A. Behrens (PUCPR)
Marília Andrade Torales Campos (UFPR)
Marli Caetano
Patrícia L. Torres (PUCPR)
Paula Costa Mosca Macedo (UNIFESP)
Ramon Blanco (UNILA)
Roberta Ecleide Kelly (NEPE)
Roque Ismael da Costa Güllich (UFFS)
Sergio Gomes (UFRJ)
Tiago Gagliano Pinto Alberto (PUCPR)
Toni Reis (UP)
Valdomiro de Oliveira (UFPR)

SUPERVISORA EDITORIAL
: Renata C. Lopes

PRODUÇÃO EDITORIAL
: Bruna Holmen

REVISÃO
: Simone Ceré

DIAGRAMAÇÃO
: Ana Beatriz Fonseca

CAPA
: Ana Castro

REVISÃO DE PROVA
: Bruna Santos

AGRADECIMENTOS

A Deus, que é o Autor e Consumador da minha fé.

Ao meu esposo, Bartolomeu Cazaes Costa, que é uma inspiração para mim em determinação e coragem.

Às minhas filhas, Lilia e Liliane, joias que Deus me deu.

À Leonice, funcionária da Biblioteca da EST, que com seu jeito solícito muito me ajudou na coleta de materiais.

A todos que direta e indiretamente me ajudaram na conclusão deste trabalho, obrigada!

A NATUREZA
(Ecologia)

A natureza consome tudo, para produzir.

Tudo é ação e recriação na natureza: tudo nela tem, como o mar, seu fluxo e seu refluxo.

A natureza é sublime em suas massas, minuciosa em seus detalhes.

A natureza dá o gênio, a sociedade o espírito.

A natureza muda nossos gostos para multiplicar nossos prazeres.

A natureza não se obriga nunca a avanços, de que não faça pagar caro os interesses.

Aqueles, que contratam a natureza, são como os remadores, que lutam contra a corrente.

O homem nunca se convence bastante de que quanto mais ele se desvia da natureza, mais se desvia da felicidade.

Em nossa conta corrente com a natureza, raras vezes creditamos os muitos bens de que gozamos: mas nunca nos esquecemos de debitar pelos muitos males que sofremos. Um dos mais estranhos efeitos do orgulho, e da insânia dos homens, é o pretender divinizar a natureza humana para depois humanizar a Natureza Divina.

(Pensamentos de J. J. Rodrigues de Bastos)

PREFÁCIO

A Educação Ambiental e a Igreja Evangélica constituem-se em uma ferramenta acadêmica que contribui na consolidação de um novo tempo para a Igreja. Tempo de ampliar a visão quanto às necessidades que envolvem o mundo que nos cerca, em todas as esferas e dimensões.

Como Stott John (2012, p. 15) disse, "A batalha é quase sempre ganha na mente. É pela renovação de nossa mente que nosso caráter e comportamento se transformam". Portanto, a batalha que precisamos vencer atualmente diz respeito também à natureza e à educação de como cuidá-la e preservá-la. A partir daí o nosso comportamento em relação a ela mudará.

A igreja não pode ficar de fora de tudo aquilo que diz respeito à Criação que nos foi confiada. O ato de lavar as mãos e o conformismo não fazem parte da soberania na proposta de Deus para o ser humano. Por outro lado, não podemos fazer parte da multidão que deliberadamente a destrói e a maltrata.

Nesta obra literária, recheada de sensibilidade espiritual e intelectual, encontramos todos os pontos necessários para a reflexão, conhecimento e mudança de atitude dentro da cultura evangélica; ela deveria ser instrumento de debates, fóruns e *workshops*, dentro do contexto da igreja, promovendo e contribuindo para novas ações de caráter preventivo, evitando mais devastações e desastres ambientais.

No século XIX o poeta francês Hugo Victor (2019, p. 40) em suas palavras fala: "É triste pensar que a natureza fala e que o género humano não a ouve". Nelas existe um clamor, que está contido também neste trabalho. Anseio que esse clamor possa ser divulgado no maior âmbito e no menor tempo possível. Como educadora, sinto-me com o dever e o privilégio de participar da promoção desta importante produção. Deus continue abençoando a dedicada Iracy Cazaes.

Elisaete Gardenia Alves da Silva

SUMÁRIO

INTRODUÇÃO..13

1
EDUCAÇÃO AMBIENTAL E A IGREJA EVANGÉLICA..........................15
1.1 Histórico da educação ambiental...22
1.2 Avaliando as condições do meio ambiente (Igreja)........................26
1.3 O clamor da natureza..34

2
EDUCAÇÃO AMBIENTAL E SAÚDE 43
2.1 Educação ambiental e qualidade de vida.....................................48
2.2 Meio ambiente e desenvolvimento sustentável.............................49
2.3 Consumismo...56
2.4 Lixo 60
2.5 Desperdício...61

3
ÉTICA AMBIENTAL 71
3.1 A importância dos bens naturais...75
3.2 A prática da educação na igreja...77
3.3 Produção caseira para diminuir impactos no meio ambiente.........82
3.4 Dicas contra o impacto no meio ambiente 85
3.5 Princípios da educação para sociedades sustentáveis
e responsabilidade global fonte desses princípios...............................86

CONCLUSÃO 89

REFERÊNCIAS 91

INTRODUÇÃO

O apóstolo Paulo certa vez reivindicou à criação o seu direito à redenção por meio da manifestação dos filhos e das filhas de Deus (Rm 8:19-22). A criação é também parte integrante do conjunto de seres que existem com propósitos de glorificação do Criador. Como criação se entende a natureza e o seu esplendor vegetal e mineral, além dos astros do cosmos que fundamentam a espetacular visão de conjunto que aos olhos humanos aparece de maneira fenomenológica, dando a sensação de se presenciar a beleza estética que do Criador é dado gratuitamente aos seres humanos.

Já faz tempo que ao ser humano foi dito ser ele aquilo que come. É sabido que a tradição bíblica, presente na elaboração dos textos sagrados que compõem a narrativa antropológica, argumenta a partir de uma percepção muito pautada pela formação da Terra (Adamah), a qual possibilita o cultivo daquilo que esse próprio ser pode desfrutar para sua sobrevivência. Isso quer dizer que o ser humano está estreitamente ligado à terra, à natureza, daí o cuidado ser imprescindível à sua sobrevivência.

Nos últimos tempos o tema da ecologia vem ganhando espaço na agenda social e política das nações, uma vez que as ameaças naturais estão na ponta das preocupações geoambientais. Diante dessa realidade, as igrejas cristãs parecem ter demorado a elencar suas ações e seus discursos a respeito da preservação da natureza, embora seja tradição em certos setores do cristianismo a vinculação da espiritualidade com a natureza. Exemplo disso são os grupos ligados ao pietismo alemão do século XVII e XVIII, que enxergavam na natureza certa manifestação da ação divina, ou dos grupos anabatistas, que insistiram na vida cooperativada no campo como expressão da vivência cristã que rejeita a cidade como aglomeração de coisas tornadas pervertidas. Trata-se da antiga problemática cidade *versus* campo, tão presente no Antigo Testamento.

Objetivando contribuir na discussão da atuação das igrejas em relação à problemática ecológica, no presente trabalho intenta-se tornar certas questões, **como a educação ambiental, a ética diante do clamor da natureza, a sustentabilidade e suas implicações como o consumismo e o desperdício.** Na estruturação do décimo argumento o trabalho foi dividido em oito capítulos. Nos três primeiros o meio ambiente e a sua história são tematizados com o propósito de introduzir a problemática concernente aos processos de conscientização de responsabilidade ambiental e ecológica. No quarto capítulo a questão teológica do clamor que a natureza como criatura divina realiza é o foco. Busca-se compreender as relações que os cristãos estabelecem com a natureza desde a perspectiva de uma teologia que se pauta no cuidado e cultivo responsável que ao ser humano foi dado por Deus. No quinto capítulo se busca tematizar a educação ambiental e as possibilidades e jeitos de se ter qualidade de vida sem, necessariamente, isso implicar em destruição da natureza. Ligado a essa percepção de consumo e de necessidade de conscientização a respeito da íntima ligação do ser humano com a terra, o sexto capítulo procura pontuar os referenciais do consumismo e da depredação ambiental, cotejada com a necessidade de se priorizar os fundamentos éticos e morais da tradição evangélica, a qual está configurada sob o tema da *Imago Dei*, isto é, o ser humano como imagem e semelhança do próprio Criador, que recebe dele a tarefa de cultivar e cuidar da criação. Por fim, nos dois últimos capítulos a argumentação se pauta na reflexão a respeito dos bens naturais e da educação ambiental desde a cotidianidade de uma atuação responsável dos cristãos e cristãs.

EDUCAÇÃO AMBIENTAL
E A IGREJA EVANGÉLICA

Muito se tem discutido sobre a consciência ambiental. O ritmo acelerado das mudanças climáticas vem chamando a atenção para a importância de se plantar boas ideias para suprir as carências desta geração, sem afetar, necessariamente, a capacidade das gerações futuras de suprir as suas, e isso vem de certa forma gerando novos ramos de mercado e empreendimento ecologicamente corretos. Há muitos problemas ambientais e estes não se resumem apenas ao aproveitamento irracional dos recursos naturais, mas também estão relacionados ao subdesenvolvimento.

O modelo de sociedade em que vivemos privilegia a primazia da espécie humana dentre todas as espécies vivas. Com esse privilégio, o ser humano subordina a natureza à sua vontade e ganância, originando daí um sistema de produção que visa à satisfação de comportamento, o que resulta no consumismo irresponsável e conduz à exaustão os recursos naturais, representando uma ameaça à sobrevivência da espécie.

A educação deve ser prioridade número um e a ausência de uma política educacional gera uma mão de obra não qualificada, contribuindo de certa forma para a má distribuição de renda. Porém, a problemática da educação ambiental é, antes de tudo, a questão da educação, da necessidade da democratização da cultura, do acesso à escola, da elevação do nível cultural da população para compreender e acompanhar os avanços tecnológicos da época.

Educação ambiental se traduz em ações práticas. É tudo que nos leva a melhorar o meio ambiente onde vivemos, construindo com harmonia e responsabilidade relações para a manutenção do homem e do planeta, promovendo o desenvolvimento de conhecimentos, atitudes e habilidades para preservar o ambiente, trazendo qualidade de vida, fazendo com que as pessoas entendam não apenas a necessidade de mudar, mas também como tal mudança gerará uma vida melhor.

A educação ambiental preventiva pode mudar comportamentos inadequados e formar um comprometimento com a manutenção da vida. Para abandonar posturas arraigadas às atitudes do dia a dia, diante de um grande desejo consumista, a formação de uma consciência deve assimilar valores morais e éticos de caráter universal na compreensão científica dos fundamentos ecológicos, a fim de preservar o meio ambiente.

Nelson Pascarelli Filho (2011, p. 15) diz:

> As consequências desastrosas provenientes de atitudes inadequadas para com o meio ambiente, que foram previstas pelos ecologistas há mais de meio século, chegaram: situação crítica da água potável, efeito estufa, lixo nuclear, chuva ácida, solos estéreis, destruição da camada de ozônio, extinção de animais e plantas, desertificação etc. Estes gritantes problemas ambientais comprometem a manutenção da vida no planeta.

O aumento das situações de violência contra a natureza exige uma nova postura diante da vida, um novo despertar por parte de toda a população. É preciso conhecer as necessidades ambientais para que ocorra uma grande revolução, que deve acontecer dentro de cada um de nós, ao respeitar os limites da natureza humana, repensando-a, pois, a natureza, com seus ciclos, nos ajuda a entender que não somos senhores do Universo.

O ritmo da devastação foi mais acelerado nas últimas décadas, ocasionado pela agropecuária sem planejamento e a ocupação de locais que por lei deveriam ser cobertos por vegetação. Sem a vegetação para proteger as terras, as nascentes de água tendem a diminuir sua vazão, resultando em alterações no clima.

A ação destrutiva do ser humano contra o meio ambiente volta-se contra o próprio ser humano. Não existe o ser humano e o meio ambiente separadamente, mas intrinsecamente estão juntos e somente a educação ambiental realizada desde a infância é que poderá manter acesa a esperança de que o valor da vida não se extinguirá no planeta.

Existe um consenso cada vez mais forte de que a exploração excessiva dos recursos de nosso planeta não permite mais a sua renovação O aquecimento climático, a poluição crescente e a perda da biodiversidade são muitas vezes irreparáveis para o meio ambiente, e o que fazer se as nossas sociedades modernas não querem nem devem renunciar ao progresso? A única via possível é um desenvolvimento e um progresso social que preserve o meio ambiente, permitindo que os recursos naturais se renovem.

A mudança deve começar por mim. Consciente de que os recursos são muitos, porém finitos. Administrá-los mal, pode trazer prejuízos imensos. Em todo tempo e a todo custo evitar o desperdício e o consumismo que leva ao desperdício.

É necessário existir uma estrutura para o recolhimento e encaminhamento da coleta seletiva. As embalagens lançadas ao lixo contribuem para o desperdício da matéria-prima. Vidro, papel, revistas, papelão, plástico, latas de alumínio, metais, sobras diversas podem ser reaproveitadas (tecido, isopor, borrachas, couro).

A preocupação e o interesse pelo assunto devem-se ao crescente desequilíbrio e às agressões sangrentas sofridas pela natureza, trazendo pobreza, desigualdades e prejuízos ao ser humano. Educar as pessoas, abraçando a causa ambiental significa deixar de ser egoísta e pensar nas futuras gerações. Cuidar da natureza é também sensibilizar a todos para uma boa postura diante do ambiente, do outro e de si mesmo.

O diretor do Departamento de Vida Selvagem nos Estados Unidos, James Clarck, no artigo "O Planeta dos nossos netos", na *Revista Galileu*, disse: "Seremos lembrados, no futuro, mais pelo mundo que deixamos do que pelo que construímos nele" (2000, n.p.). Talvez esse seja o maior desafio dos próximos tempos, até porque a ciência ainda não descobriu tudo sobre os mecanismos climáticos.

Provocar a participação da comunidade para um programa de educação ambiental, além de proporcionar conhecimentos necessários à compreensão do ambiente, promove uma consciência social, capaz de gerar ações que alterem comportamentos geradores de problemas ambientais, como lixo, contaminação da água por esgotos não tratados, poluição e desmatamento.

Vilmar Berna (2001, p. 59) diz que:

> Educação Ambiental não-formal é aquela educação ambiental que não se limita à escola; visa formar uma população que tenha os conhecimentos, as competências, o estado de espírito, as motivações e o sentido de participação e engajamento que lhe permitam trabalhar individual e coletivamente para resolver os problemas atuais e impedir que se repitam.

Pretendo com este trabalho considerar e realizar a aprendizagem do ambiente da Igreja. Cada participante entendendo e adquirindo conhecimentos sobre o meio ambiente e como preservá-lo, garantindo mais agilidade ao processo, recebendo influência e influenciando outros.

Rever como está o tratamento do ar, dos rios e das matas, se as ações são de destruição ou de preservação e partir para o desafio de não somente cuidar da natureza, como também ensinar outras pessoas a preservar o meio ambiente. É preciso resgatar a convivência respeitosa nos pequenos gestos de nossa vida, pois a natureza está clamando e é urgente a tomada de iniciativas em favor da preservação.

A situação vivenciada nos espaços públicos já nos desafia. Cidades ameaçadas de virar deserto, tamanho seu grau de degradação. O ritmo de destruição foi mais acelerado nos últimos anos, alimentado pelo avanço da tecnologia e a ocupação de locais que deveriam ser cobertos por vegetação. As regras básicas de convivência não são respeitadas. Ruas sujas de lixo e com cheiro de urina, faz-se das vias banheiros a céu aberto. Verifica-se que em um bom número dos templos, após as reuniões semanais, há muito lixo para ser recolhido; cadeiras e bancos são marcados com chicletes; não há o devido zelo pelo lugar que se frequenta semanalmente. Observam-se os efeitos do chiclete no organismo e no meio ambiente. Jogar o chiclete em vias públicas custa muito caro. O chiclete jogado na lixeira vai parar nos aterros, porém, como ele não é reciclável, faz aumentar a quantidade de lixo – e ele foi reconhecido em 2005 como tal. Estas e outras são situações que transformam o convívio em experiência ruim e mostram que a saída é a educação – campanhas de conscientização, e já alguns estados brasileiros multam os infratores.

O lixo representa hoje uma séria e grave ameaça ao planeta, pois a quantidade produzida é maior que os locais disponíveis para depositá-lo e quase todas as substâncias químicas trazem grandes problemas à saúde humana. Alguns cuidados podem evitar problemas. A conscientização das pessoas por meio de campanhas educativas e informativas pode ajudar na preservação do espaço em que vivemos – a Terra, os lugares que frequentamos, igrejas, clubes, escolas, parques – e assim melhorar sensivelmente a condição de vida, além da qualidade de vida ideal para cada ser humano.

Meio ambiente era entendido por tudo que fosse referente ao ser vivo: plantas, animais, alimentos, etc. Em 1972, na Conferência de Estocolmo promovida pela ONU, o meio ambiente recebeu outra definição, passando a ser formada pelos aspectos bióticos mais os abióticos, juntamente com a cultura do ser humano (ética, arte, ciências, religiões, entre outros). Daí se afirmar que meio ambiente é a nossa *oikos*, palavra grega que significa casa, casa essa que precisa ser bem tratada.

A Constituição Federal do Brasil de 1988, no artigo 25, estabelece que:

> Todos têm direito ao meio ambiente ecologica-
> mente equilibrado, bem de uso comum do povo
> e essencial à sadia qualidade de vida, impondo
> se ao Poder Público e à coletividade o dever de
> defendê-lo e preservá-lo para os presentes e futuras
> gerações. (BRASIL, 1988, n.p.).

Fica claro que na lei é um direito do cidadão viver em um ambiente com qualidade de vida e preservar esse meio para que as gerações futuras recebam como herança um local em boas condições de sobrevivência.

Propiciar o envolvimento da igreja na temática "Educação Ambiental" pode ajudar a ampliar a visão, uma vez que na Bíblia se incentiva o cuidado com toda a criação; e repensar práticas e valores na salvação da vida e do planeta, como consumir com limites, evitar desperdícios e reaproveitar o que for possível. A igreja tem um grande potencial para atuar como instrumento de educação ambiental, porque nela existe a pessoa e a coletividade, além de um processo contínuo na construção de valores.

A organização da igreja e como ela reúne os seus membros e congregados é uma característica importante; são encontros semanais com diferentes faixas etárias, classes sociais e isso con-tribui para que os processos educacionais tenham o caráter per-manente. Um dos maiores desafios da sociedade é reverter alguns contravalores dominantes em valores essenciais ao ser humano, porém com o estabelecimento de uma nova relação com a natureza poderá haver um equilíbrio. Os efeitos da degradação ambiental atingem a todos, especialmente aqueles menos favorecidos que desconhecem que uma forma de afirmação dos direitos humanos é o respeito ao meio ambiente.

Nelson Pascarelli Filho (2011, p. 44) diz:

> Uma educação ambiental eficaz ensina o aluno
> a pensar globalmente, que tudo está ligado a
> tudo e que é possível realizar um consumo res-
> ponsável, comprando-se o que é necessário para
> sua sobrevivência, e, principalmente educa-se

a comprar de empresas que investem em responsabilidade social, produzindo objetos de mínimo impacto ambiental, que se responsabilizam pelo resíduo produzido, tanto durante a fabricação como depois, quando o produto não tiver mais utilidade para o consumidor.

Já há algumas soluções para o lixo. Por exemplo: as pilhas usadas devem ser devolvidas nos estabelecimentos em que foram compradas. O papa-pilhas – projeto do Banco Real que recolhe as pilhas, encaminhando-as para a reciclagem – propicia que se dê o devido tratamento aos resíduos tóxicos, que podem contaminar os rios, os solos e lençóis freáticos, caso não sejam descartados corretamente.

Há o ensino na ação educativa ambiental sobre a importância da reciclagem e sobre a produção responsável e tudo isso conduzindo à qualidade de vida e à preocupação de qual país deixaremos para os netos e as gerações futuras. Creio ser este um desafio importante: o de reconhecer a importância da educação ambiental, mui especialmente tratando-se da comunidade evangélica, que tem como regra de fé e prática a Bíblia, mostrando que Deus é o criador e sustentador do Universo e que devemos zelar pela criação divina. É possível, sim, capacitar a comunidade de modo a criar um autocontrole no uso dos espaços individual e coletivo, no reaproveitamento dos excedentes, no critério do consumismo e na forma de separar o lixo produzido, tudo em função da preservação da Terra.

Conhecer, descobrir, aplicar as invenções, os conhecimentos adquiridos à melhoria de vida – é a fórmula que o ser humano tem de transformar a natureza e adaptá-la às suas necessidades. Já houve avanço em muitas áreas, porém hoje há outro desafio mais urgente à humanidade, que é a sustentabilidade do modelo sol, água, vento urânio, petróleo, entre outros, porque cada uma dessas fontes de energia tem um efeito sobre o meio ambiente e precisa ser vista e analisada em função também da saúde do próprio ser humano. Isso implica a transformação dos valores sociais e das relações de poder para que seja construída uma nova gestão participativa de cidadania.

Mesmo que se esteja começando agora com um bom atraso, importa que, neste exato momento em que o planeta agoniza, surjam a esperança e a possibilidade de ainda poder ser feita alguma coisa.

1.1 Histórico da educação ambiental

Uma das características do mundo contemporâneo é a pluralidade das formas de compreender a realidade em virtude das mudanças culturais e sociais que existem. Com as mudanças ocorridas e o surgimento da modernidade, a civilização foi marcada por uma profunda crise e entre os problemas emergentes está a questão ambiental. Porém, esses problemas ambientais são também problemas sociais gerados por outros problemas sociais, os quais se estendem em uma dimensão do planeta.

Em 1866, o biólogo alemão Ernest Haeckel, difusor das ideias de Charles Darwin, utilizou o conceito de ecologia – palavra derivada do grego "oikos" que significa "casa" e "logos" que significa "estudo" na literatura científica. Em 1935 o ecossistema foi definido pelo ecólogo inglês Arthur Tansley como o principal objeto de estudos dos ecólogos.

Na atualidade a palavra "ecologia" recebeu novas definições, buscando compreender as inter-relações entre os seres vivos; é considerada um estudo holístico. Com a invasão tecnológica, o período pós-moderno e a ausência de uma direção, muita coisa foi ficando em descrédito, a exemplo da compreensão dos ecossistemas, dificultada pela própria natureza da mente racional.

A pós-modernidade é marcada pelo pluralismo e relativismo exacerbados, e pela negação de critérios objetivos de verdade. Mesmo com os enormes progressos científicos trazidos pelo ser humano nesse período, o sistema capitalista avançava e era aumentado pela crise de desemprego. A industrialização trouxe benefícios e também consequências para as sociedades rural e urbana; o aumento da população em cidades aglomeradas sem a menor infraestrutura, condições péssimas de higiene e saúde. E, com todos esses pensamentos, atitudes profundamente ecológicas foram ganhando espaço e a natureza passou a ser vista como o local onde o ser humano poderia aliviar-se das tensões geradas no dia a dia nas cidades.

O período entre as duas guerras mundiais (1918-1939) foi de grandes transformações para a humanidade – a organização dos Estados-nação, as culturas, a tecnologia etc. –, porém as questões ambientais só passaram a se constituir em um dos temas considerados globais, com uma consciência universal, em 1991. Em 1960 surgiram alguns movimentos, como os hippies, os negros e as feministas, que manifestavam oposição à cultura de massa individualista e à sociedade capitalista de consumo, aí afloraram também a preocupação com o meio ambiente, originando-se então os movimentos e políticas ambientalistas na luta pela preservação da natureza.

Em 1962 foi publicado o livro *Primavera Silenciosa*, de Rachel Carson, alertando sobre os efeitos danosos de inúmeras ações humanas sobre o ambiente. No ano de 1968, foi realizada em Roma uma reunião de cientistas dos países desenvolvidos chamada "Clube de Roma", em que problemas como o aumento populacional, reservas de recurso natural não renovável foram discutidos. Nasceu nesse mesmo ano o Conselho para Educação Ambiental, no Reino Unido.

Em 1970 foi elaborado o Manifesto para Sobrevivência pela entidade britânica *The Ecologist*, o qual insistia que um aumento indefinido de demanda não poderia ser sustentado por recursos finitos. Surgiu em 1972 o discurso de Desenvolvimento Sustentável. Houve então em Estocolmo na Suécia, a I Conferência Internacional sobre Meio Ambiente, organizada pela Organização das Nações Unidas (ONU) com a finalidade de estabelecer uma visão global e princípios que norteassem as políticas de preservação e melhoria do ambiente humano.

Ainda em 1972, como resultado da conferência de Estocolmo, a ONU criou um organismo chamado Programa das Nações Unidas para o Meio Ambiente (PNUMA), sediado em Nairóbi. No mesmo ano, foi criado o primeiro curso de pós-graduação em Ecologia no Brasil pela Universidade Federal do Rio Grande do Sul (UFRGS).

Em 1975, a Unesco promoveu em Belgrado (Iugoslávia) o Encontro Internacional em Educação Ambiental em que foi criado o Programa Internacional de Educação Ambiental (PIEA), que formulou os seguintes princípios orientadores: a educação ambiental deve ser continuada, multidisciplinar, integrada às diferenças regionais e voltada para os interesses nacionais. Em 1977, a Unesco e a PNUMA realizaram a I Conferência Intergovernamental sobre Educação Ambiental, em Tbilisi, Geórgia, definindo os rumos da educação ambiental mundialmente.

Em 1979, na Costa Rica, Unesco e PNUMA realizam o Seminário de Educação Ambiental para América Latina. Em 1987, a Comissão Mundial sobre Meio Ambiente e Desenvolvimento adotou o conceito de desenvolvimento sustentável, que é aquele que atende às necessidades do presente sem comprometer a possibilidade de as gerações futuras terem as suas necessidades supridas.

Em 1988 a Constituição da República Federativa do Brasil dedicou o capítulo VI ao Meio Ambiente e foi realizado nesse mesmo ano o I Fórum de Educação Ambiental pelo Centro Especializado em Capacitação, Aperfeiçoamento e Educação da Universidade de São Paulo (CECAE/USP).Essa conferência estabeleceu uma proposta de ação para os próximos anos, a Agenda 21 – que é um documento com a finalidade de assegurar o acesso universal ao ensino básico, conforme recomendações da Conferência de Educação Ambiental (1977) e da Conferência Mundial sobre Ensino para Todos: Satisfação das Necessidades Básicas de Aprendizagem (Tailândia, 1990).

A Agenda 21 preceitua a promoção em conjunto com outras organizações não governamentais, inclusive organizações de indígenas, negros e mulheres, de todo tipo de programa de educação de adultos, para incentivar a educação permanente sobre meio ambiente e desenvolvimento. Além disso, recomenda também que as indústrias incluam o desenvolvimento sustentável em seus programas e que as faculdades e universidades contemplem cursos de capacitação dos responsáveis pelas decisões do desenvolvimento sustentável.

Em 2009, houve a reunião sobre mudança climática em Copenhague. De 1995 a 2009 houve uma ampliação da cidadania corporativa para práticas industriais; redução de custos relacionados ao consumo excessivo dos recursos naturais; esforços para limitar os impactos causados ao meio ambiente.

O ano de 2010 foi um período chamado de sustentabilidade 2.0. Vê-se agora que o problema da superpopulação exige agilidade e a mesma preocupação com as questões vitais para o planeta, como a contenção de desflorestamento e a adoção de medidas preventivas para tratar o lixo, a descarbonização. É necessário entender que ao maior número de habitantes corresponderá o maior consumo dos recursos naturais sem a reposição ambiental.

Uma reportagem da revista *Guia Aquecimento Global* afirma que:

> Nós modificamos mais ecossistemas que em todo o período anterior da existência do Homo Sapiens – há aproximadamente 100 mil anos. Cerca de 60% dos ecossistemas restantes são degradados ou explorados de forma insustentável [...] O problema da superpopulação é deixado de fora das questões ambientais. Trata-se de um tema delicado, permeado por questões éticas e que "bate de frente" com a orientação sexual da maior religião do globo, a cristã, encontra severas restrições nos dogmas da segunda maior fé do planeta, o islamismo.

Nesse processo, as organizações não governamentais (ONGs) desempenharam papel importante expandindo as ações de educação ambiental e impulsionaram também iniciativas governamentais. Os eventos internacionais incentivaram a problematização das questões ambientais em nível nacional e as esferas governamentais a se preocuparem com o tema, a pensarem globalmente e a agirem localmente.

Nos países desenvolvidos, a ciência do meio ambiente tem destaque no sistema de educação formal como matéria obrigatória nos cursos secundários e universitários. O crescimento demográfico é mais lento e há uma conscientização para o cidadão, que recebe uma educação ambiental adequada e, além de educar-se ambientalmente, influencia outras pessoas ao seu redor.

Já nos países pobres, jogam-se resíduos agrícolas, industriais e urbanos no ar, no solo e nas águas, poluindo-os, e o meio ambiente torna-se cada vez mais comprometido e inabitável. Se o ser humano reciclasse todos os seus resíduos, a sociedade moderna estaria isenta de poluição.

A importância da educação é vista por Edgar Morin (2000, p. 61):

> Por isso, a educação deveria mostrar e ilustrar o destino multifacetado do humano: o destino da espécie humana, o destino individual, o destino social, o destino histórico, todos entrelaçados e inseparáveis. Assim, uma das vocações essenciais da educação do futuro será o exame e o estudo da complexidade humana. Conduziria à tomada de conhecimento, por conseguinte, da consciência, da condição comum a todos os humanos e da muito rica e necessária diversidade dos indivíduos, dos povos das culturas, sobre nosso enraizamento como cidadãos da Terra.

1.2 Avaliando as condições do meio ambiente (Igreja)

Ouvimos pela imprensa falada e escrita que a vida do planeta e de todos os seres humanos está em perigo, por causa do desequilíbrio ecológico e da falta de cuidado com a preservação do meio ambiente. O cuidado com o meio ambiente é um dos temas mais abordados na TV, em revistas de grande circulação e jornais. Uma das grandes preocupações dos ambientalistas e de todo cidadão responsável tem sido as previsões feitas negativamente sobre a falta de água, recurso indispensável para a sobrevivência de todos os seres vivos do planeta.

Al Gore (2008, p. 97-105) diz:

> Há um temor por parte dos cientistas que haja mudanças no padrão climático: algumas regiões receberão mais chuvas, outras menos; algumas áreas ficarão mais quentes, outras mais frias e não se pode afirmar que é devido ao aquecimento global tais mudanças, embora faça parte das ameaças vindas sobre a terra, sobre o sistema hídrico mundial.
>
> 1. O aquecimento global com temperaturas mais elevadas – os incêndios destrutivos se tornaram mais frequentes em várias partes do mundo.
>
> 2. Elevação do nível dos mares e a perda de áreas litorâneas baixas – onde um terço da humanidade vive dentro da faixa litorânea de 60 km, e vale ressaltar que haverá um número sem precedentes de refugiados dessas áreas.
>
> 3. Extensos desmatamentos – destruição das florestas, afetando o ciclo hidrológico (sistema natural de distribuição de água). As florestas da Terra, especialmente as florestas tropicais úmidas, armazenam mais água que os lagos.
>
> 4. Contaminação das reservas de água pelos poluentes químicos produzidos pela civilização industrial. Por exemplo, óleo derramado.
>
> 5. O aumento da população – principalmente no Terceiro Mundo constitui uma grande ameaça. A pressão do crescimento populacional sobre

o sistema hídrico é também exacerbada pelo aumento do consumo por pessoa.

De acordo com estudos recentes, caso as condições atuais de consumo indiscriminado de água se mantenham, por volta de 2050, grande parte da população mundial sofrerá com a falta de água. O ser humano depende principalmente da água doce, que representa apenas 2,5 por cento do total de água do planeta. Esse fato limita mais ou menos a civilização ao mesmo padrão geográfico, que é a distribuição de água doce. Qualquer que seja a alteração nesse padrão representa uma ameaça à civilização.

A camada de ozônio, as alterações no clima, as epidemias, a poluição do ar com substâncias tóxicas, como a fumaça e gases que saem das fábricas e dos veículos; gases oriundos de fossas, esgotos; poeira que vem do solo das ruas sem asfalto ou calçamento, provocando algumas doenças alérgicas e respiratórias; poluição da água, com grande parte da água do planeta já poluída com substâncias não da própria natureza, mas por ação do homem. Todos esses problemas revelam que o planeta está em crise, causada pela irresponsabilidade do ser humano com o conhecimento científico que tem.

A destruição das florestas, a extinção de plantas e animais, a poluição da água coloca em risco a vida de todos. Sem água não se vive. A água é um recurso renovável pelo ciclo natural da evaporação-chuva e distribuído com fartura na maior parte do planeta. Acontece que a ação do ser humano afetou de maneira decisiva a renovação natural dos recursos hídricos. Atualmente, 505 dos rios do mundo estão poluídos por dejetos industriais, agrotóxicos e esgotos.

Há ainda muitas pessoas passando fome, enquanto outras desperdiçam. O meio ambiente em degradação passa por questões referentes ao desenvolvimento que consistem numa mudança de comportamento, de atitude social. Ter consciência de que o mundo em que vivemos é social e tudo que nos aflige ou que provocamos não é "natural", e sim formas perversas contra a natureza, inclusive a humana.

A transformação da comunidade está ligada à transformação da Terra. O relacionamento entre o Criador e a criatura, bem como dos seres humanos entre si, requer equilíbrio com o mundo natural. O ar que respiramos, a água que bebemos, a maneira como tratamos os nossos semelhantes se reflete em nossa relação com a Terra.

Leonardo Boff (1999, p. 136) diz:

> O que vale para o indivíduo vale também para a comunidade local. Ela deve fazer o mesmo percurso de inserção no ecossistema local e cuidar do meio-ambiente; utilizar seus recursos de forma frugal, minimizar desgastes, reciclar materiais, conservar a biodiversidade. Deve conhecer a sua história, seus personagens principais, seu folclore. Deve cuidar de sua cidade, de suas praças e lugares públicos, de suas casas e escolas, de seus hospitais e igrejas, de seus teatros, cinemas e estádios de esporte, de seus monumentos e da memória coletiva do povo [...]. Esse cuidado com o nicho ecológico só será efetivo se houver um processo coletivo de educação, em que a maioria participe, tenha acesso a informações e faça troca de saberes.

Cada pessoa descobrindo-se como parte desse sistema e trocando saberes, compartilhando da mesma atmosfera, conhecendo as circunstâncias do mundo ao seu redor e procurando vivenciar transformação, conservando a natureza e evitando todo tipo de depredação.

Desperdiça-se a natureza; consome-se e desperdiça-se, porém, ela não é ilimitada, assim como o homem não o é. A destruição da natureza ameaça a vida humana, pois não se pode separar o ambiente social do homem do seu ambiente natural. Observando o texto de João 6:12 na multiplicação dos pães, a ordem de Jesus foi que recolhesse os pedaços que sobraram para que nada se perdesse, ensinando o combate ao desperdício. Quase em todas as esferas da vida humana se produzem excedentes, e não se dá a devida atenção ao que deve ser feito com eles.

Na capa da revista *Eclésia* (1999, n.p.), aparece um quadro de miséria com a seguinte manchete: "O que os evangélicos estão fazendo para combater essa vergonha nacional". A reportagem tratava da desigualdade social e mostrava o que os evangélicos estavam realizando: ações de grande porte em projetos de inscrição social para os carentes. Exemplo disso seria também a educação ambiental, em que um despertamento levaria ou influenciaria a transformação do ambiente, como programas de prevenção, palestras educativas, enfim, atuação nas áreas de saúde, meio ambiente, desenvolvimento econômico, cidadania, entre outros.

Como disse Chris Calwell, pesquisador e fundador da ECOS, "Não existem problemas de agressão ao meio ambiente que não possam ser bem encaminhados e solucionados desde que todos individualmente comecem a participar". A partir do momento em que houver propostas de mudanças de atitudes, ou seja, todos participando em prol do meio ambiente.

Por conta do capitalismo, houve uma divisão social do trabalho, em que as relações foram desprezadas, houve o desvinculo da casa para a rua, da floresta para a cidade, e a questão ambiental foi radicalizada. Parte da solução da questão ambiental está no ser humano, na família e a igreja é composta por famílias. A Igreja, como um ambiente específico que contribui para o desenvolvimento espiritual do ser humano, pode participar na preservação e na defesa da natureza.

Em vários templos se verifica que, após as reuniões semanais, recolhe-se muito lixo, cadeiras e bancos são marcados com chicletes, o que leva a crer que, além de não se instruir, não se tem uma visão de cuidado do ambiente que se frequenta. O que pude verificar é que o tema educação ambiental não é pregado na maioria das igrejas. Os membros não têm conhecimento das leis ambientais, nem participam de ações organizadas, ou seja, essa temática não é questão premente para as igrejas evangélicas, em particular.

A passividade é quase total por parte dos cristãos e da sociedade moderna diante do quadro devastador no meio ambiente.

A EDUCAÇÃO AMBIENTAL E A IGREJA EVANGÉLICA

Poucas são as pessoas que se interessam por essas questões e têm consciência dessa realidade. É como se tudo estivesse num curso normal e esquecêssemos que temos de Deus a permissão para usar os bens naturais e que a falta de cuidado com as coisas criadas por Ele reflete um problema espiritual.

Nem todos os cristãos (membros) estão cônscios do estado do mundo e das grandes mudanças por que passa a civilização. Alguns estão conscientes, porém desorientados, apáticos, indiferentes às práticas dos novos tempos. No entanto, a Igreja, enquanto instituição, e todos os cristãos não podem ficar alheios a um assunto tão importante quanto à questão ambiental. Imbuída da missão que tem, pode dar a sua contribuição em lutar e preservar o que Deus criou para todos, com uma visão educativa e multiplicadora, melhorando a qualidade de vida de toda a comunidade, por meio da modificação de atitudes e práticas pessoais.

O que de fato a igreja tem feito em relação ao cuidado com a criação divina?

A participação nas ações socioambientais na igreja, no trabalho, na vizinhança trará mudanças significativas e haverá a cooperação com o planeta em que vivemos.

Creio que por ideias equivocadas os cristãos têm sido acusados de ser insensíveis ecologicamente, ou responsáveis pela destruição da natureza. Em 1843, o filósofo alemão Ludwig Feuerbach disse: "a natureza, e mesmo o mundo, não têm qualquer valor ou interesse para os cristãos. Eles só pensam na salvação da alma". Teologicamente o pensamento do filósofo Ludwig é um pensamento insustentável. O mundo está sendo devastado e melhorar a situação é não ficar na contramão divina – é preservar a vida.

Uma pesquisa feita pela BBC em 27 países em 2005 mostrou que os eventos mais significativos foram catástrofes. Naquele tempo ocorreram 360 desastres naturais, e 259 deles foram considerados ligados ao aquecimento global...

Entre tantas catástrofes nos últimos anos, mencione-se o tsunami na Ásia em 2004, que deixou um saldo de 300 mil mortos; o furacão Katrina, que devastou a cidade de Nova Orleans; terremotos na China e no Paquistão; maremotos na Nova Guiné; incêndios florestais na América do Norte; e ondas de calor no Leste Europeu. Em cada uma dessas ocorrências houve mortes, destruição e prejuízos, mostrando a incapacidade do homem de prever certos desastres naturais.

Para muitos cristãos, as notícias dos sinais dos tempos, episódios cada vez mais alarmantes, são inevitáveis, não há nada a fazer; para estes o que interessa é o cuidado com a espiritualidade, já que aguardam "novos céus e nova terra". Já outros têm aderido ao movimento "igreja verde", movimento que crê no cumprimento das profecias, porém defende a ideia de que é mister zelar pelo mundo criado por Deus e dado à humanidade para cuidá-lo.

Desenvolver um ministério específico junto à comunidade, inclusive repensando o papel de cada membro perante o ambiente, sem absorver o modelo de uma sociedade materialista que não valoriza a criação divina. Mostrar que temos condições de fazer muito em favor da sobrevivência do planeta, prestando atenção aos problemas ambientais, fazendo a nossa parte, influenciando pessoas onde moramos, trabalhamos ou congregamos, fazendo circular as ideias aprendidas entre amigos, parentes, entendendo que os danos causados à natureza revertem em prejuízos de todo o mundo, pois questões importantes como as ambientais não podem ser privatizadas.

A Igreja deve e pode procurar a cooperação com entidades seculares para defender a integridade da criação, cada qual exercendo o seu papel específico, essencial, e, para tanto, se exige multiplicidade de iniciativas, com uma nova mentalidade. O entendimento sobre usar as coisas corretamente difere de devastar as coisas. O reino de Deus é justiça, paz e alegria no Espírito Santo, e uma das grandes causas da devastação do ambiente é a injustiça que, na luta pela sobrevivência, conduz os menos favorecidos a desconsiderarem as leis ambientais. Tom Sine, no livro *O lado oculto da globalização* (2001, p. 115-116), afirma que precisamos de líderes que saibam prever e que possam ajudar a igreja a se preparar para tempos de crise ou de abundância econômica; líderes capazes de compreender não só as mudanças mas também os valores que estão impulsionando as mudanças".

A transformação de ecossistemas até degradados de forma irreversível, o aumento da população no mundo, aliado ao consumismo, são fatores que exigem uma maior sensibilidade e atuação. Al Gore (2008, p. 169) diz:

> Precisamos colocar em ação o nosso bom senso. As chuvas nos trazem árvores e flores; as secas abrem fendas enormes no solo. Os lagos e rios nos sustentam; fluem pelos veios da terra e para as nossas próprias veias. Porém devemos cuidar para deixá-los fluir de volta tão puros quanto vieram – e não envená-los e desperdiçá-los sem pensar no futuro.

Um estilo de vida, de desenvolvimento que contribua para alterar o rumo da devastação da espécie humana, melhorando a qualidade de vida de todos e do planeta e tudo isso a partir de cada indivíduo. É preciso entender e fazer com que as pessoas da comunidade entendam que as florestas estão desaparecendo. O avanço do deserto, a degradação e contaminação dos solos aráveis, a devastação e destruição de terras úmidas e secas são aspectos diferentes do processo sistemático de ameaça à Terra.

Uma atitude de prudência e respeito com relação à tomada de decisões sobre o uso e destino dos bens naturais, em que o ser humano se torne um sujeito ético capaz de reconhecer-se humano sem destruir o ambiente onde ele pulsa, pois neste também há uma vida pulsando e que pode durar além das necessidades imediatas de consumo do humano.

Cabe à Igreja educar ambientalmente a partir do seu próprio espaço, que é de uso comum do povo, de forma articulada e permanente, e desfrutar os recursos em sintonia com os demais seres vivos no cuidado de toda a criação, a qual demanda recursos naturais. Faz-se necessário entender e compreender a importância de educar ambientalmente, ter novas posturas e novos hábitos, ações socioambientais para uma vida melhor e para as futuras gerações que habitarão o planeta Terra.

Conscientizar a todos de que a crise existe e pode ser o início para evidenciar a mudança necessária. Os problemas ambientais surgidos nos últimos anos, como mudanças climáticas, níveis alarmantes de extinção de espécies, morte dos recifes de corais, zonas mortas nos oceanos, desflorestamento, desertificação, erosão do solo, contaminação global por toxinas e o crescimento contínuo da população, mostram alguma coisa muito grave, que diz respeito a todos os seres humanos, e desviar a nossa atenção com alternativas não nos trará melhoras em nível algum.

1.3 O clamor da natureza

O céu, o mar, a terra, as águas, o solo, todas as espécies da fauna e da flora, o ser humano, todos fazem parte da criação divina e são "bons". Deus colocou nas mãos do homem o destino dos demais seres não como dono absoluto das coisas. Ele seria apenas um administrador, um mordomo da natureza, não podendo proceder como bem quisesse. O cuidado da criação é incumbência do ser humano desde o início. Somos participantes da sorte da criação. Também podemos ser agentes de corrupção, tornando-nos causadores de problemas ambientais: desperdício, superexploração dos recursos naturais, poluição das águas, entre outros.

O ser humano perdeu o sentido da inter-relação com o Criador e, ao degradar a natureza, não lhe dando o seu devido valor, tornou-se provocador de uma crise no planeta. A recuperação da ideia bíblica sobre a missão do ser humano de cuidar do mundo tem uma base teológica e revela visões ecológicas originadas em padrões científicos ou sociológicos. O ser humano como administrador da criação. A Bíblia também apresenta uma dimensão ecológica na concepção esperançosa e restauradora sobre o cosmos e sobre o ser humano como bondade e benevolência do Criador sobre o ecossistema planetário.

Nelson Kilpp (2008. p. 44), no livro *Espiritualidade e compromisso*, diz: "A tarefa de 'cultivar' significa certamente que podemos utilizar as dádivas da terra em nosso benefício e para preservar a nossa vida; mas também significa que não devemos destruir, mas dar continuidade à criação divina". A relação entre os seres humanos e a terra nem sempre foi harmoniosa. Os seres humanos precisavam trabalhar a terra, tirando dela o sustento; daí a natureza fora tratada como uma máquina, ignoraram-se as relações, entendendo que bastava tirar dela os recursos naturais que ela automaticamente se renovaria.

Uma incorreta interpretação bíblica do livro de Gênesis 1:26-28 levou cristãos a legitimarem a depredação ecológica. "O homem... tenha ele domínio... Deus os abençoou e lhes disse: enchei a terra e sujeitai-a; dominai sobre os peixes do mar, sobre as aves dos céus, e sobre todo o animal que rasteja pela terra". Ansiando pelo domínio, terra, fauna e flora passaram a ser encarados como fatores de produção, técnicas foram desenvolvidas e o homem (dominador) esqueceu que a ele competia cuidar da terra.

Como a ênfase maior fora para o *dominar* em prejuízo ao ecológico, pouco se fez em resposta às ordens para cultivar e guardar (Gênesis 2:15). O salmo 104 apresenta um hino à natureza, contendo o belíssimo colorido da Criação, descortinando Deus como o Criador de tudo que há no Universo. Assim vários elementos da natureza – criação, além dos seres humanos, são chamados a louvar a Yahweh, Criador e Mantenedor do mundo. Ainda nos Salmos fica claro o papel do homem na criação divina. Nos Salmos 115:16, diz: "Os céus são os céus do Senhor, mas a terra ele deu aos filhos dos homens". A terra, no texto, é reconhecidamente dádiva de Deus e a responsabilidade dos seres humanos pela criação divina é recomendada. Note-se que em nenhum instante foi entregue ao ser humano o poder do senhorio absoluto, mas de "administrador da natureza" em nome de Yahweh.

Haroldo Reimer (2006, p. 110) diz: "Pode-se perceber nos Salmos uma espiritualidade ecológica que insere na reflexão toda a criação e o próprio Deus". Ao ser humano cabe uma função de mordomia responsável junto a toda a criação e perante o Criador. A atitude comportamental de agressividade que o ser humano expressa contra o meio ambiente está apoiada em uma concepção, explícita ou implicitamente, da relação homem-natureza.

Segundo Clifford Geertz (2008, p. 37):

> Se queremos descobrir quanto vale o homem, só poderemos descobri-lo naquilo que os homens são: e o que os homens são, acima de todas as outras coisas, é variado. E na compreensão dessa variedade – seu alcance, sua natureza, sua base e suas implicações – que chegaremos a construir um conceito da natureza humana que contenha ao mesmo tempo substância e verdade, mais do que uma sombra estatística e, menos do que o sonho de um primitivista.

Nos Evangelhos, especialmente Mateus, Jesus falava aos discípulos que contemplassem os lírios do campo e as aves do céu, que observassem a funcionalidade da natureza, que de muito estava com pouco prestígio.

Nos cadernos dos franciscanos (1989, p. 25), há a seguinte afirmação: "É preciso saber olhar para poder ver, para poder descrever o outro semblante oculto das presenças imediatas". Saber ver e poder perceber a mensagem total da natureza supõe a forma radical da inteligência e o estar desperto e atento a todos os seres. O apóstolo Paulo, escrevendo a carta aos Romanos 8:19-22, diz:

> Pois a ardente expectativa da criação aguarda a revelação dos filhos de Deus. Porque a criação está sujeita à vaidade, não voluntariamente, mas por causa daquele que a sujeitou, na esperança de que a própria criação será também libertada do cativeiro da corrupção, para a liberdade da glória dos filhos de Deus. Porque sabemos que toda a criação geme e suporta angústia até agora.

De acordo com o comentário do livro de Romanos, Paulo inicia com um olhar para a "criação". Essa palavra abrange tudo "que foi criado", exceto o ser humano. Não se fala do mundo caído, mas do mundo que foi subjugado. O fato de que se atribuía a essa criação atos pessoais como gemer e aguardar. No Antigo Testamento isso ocorre com frequência, embora use de uma linguagem poética. A palavra "Criação", o mundo. O que é criado, a humanidade, ou seja, as criaturas que se acham sujeitas à corrupção aguardam sua renovação a qual se dará pela manifestação dos filhos de Deus.

A destruição indiscriminada das matas, o uso de agrotóxicos está matando aos poucos a vida dos animais e das pessoas, sem considerar que, na Bíblia, a natureza, o meio ambiente, é o lugar onde se realiza a história. Ela é perfeitamente associada à história humana.

Na visão paulina, há três gemidos:

1 - *O gemido da criação*

Em atitude de expectativa de ser transformada a criação geme – seu destino está atrelado à humanidade. Os profetas falam da relação meio ambiente e humanidade. Por exemplo: Jeremias 9:12-15: "Por que a terra está arruinada, queimada como deserto? [...] Javé respondeu: – Porque eles abandonaram a minha lei [...] Por isso o povo vai comer absinto e beber água envenenada". Ou Isaías 24:4-6: "A terra está profanada sob a ação dos seus habitantes; com efeito, eles transgrediram a lei, mudaram os seus estatutos e romperam a aliança eterna. Por esse motivo a maldição devorou a terra, e seus habitantes recebem o castigo". Os profetas expõem as causas da situação devastadora da terra: as atitudes das pessoas que, pela exploração do homem pelo homem, causam a degradação da natureza.

A criação, diz Paulo, fica impedida de cumprir o seu papel e se torna um instrumento para o mal. Em Romanos 8 o homem recebe a tarefa de libertar a criação, que geme e aguarda o momento de transformação. As coisas criadas: sol, lua, estrelas, o ar, as águas, toda a natureza está submissa à vaidade e esperançosamente aguardando, com expectativa, a redenção; a criação não está em paz com a sua condição – está com dores de parto enquanto aguarda a renovação.

Deus nos legou a terra para ser cuidada. O ser humano é responsável pelos seus atos. Falta de cuidado por nossa parte pode trazer sérios prejuízos a muitos. Deus cuida dos pássaros, dos lírios no campo e cuida também do homem. Vê-se que há uma profunda solidariedade entre os seres humanos, tanto nas horas boas quanto nas horas difíceis. Todos os seres humanos experimentam o sofrimento e gemem, suplicando por redenção.

2. *O gemido da humanidade*

Assim como a criação está gemendo, o ser humano também está. Estão ligados um ao outro. Pessoas opressoras, injustas, sem respeito para com os seus semelhantes, desestruturaram todo o ambiente natural, quando a missão era vigiar a ordem das coisas criadas. Esse cuidado não deveria ser em termos de escravidão, nem para a natureza, nem para o ser humano. O homem geme por causa da fragilidade e morte física, expressando tanto o sofrimento presente como a expectativa futura.

Leonardo Boff (1999, p. 117) diz:

> O que é imprescindível não é o saber, afirmam, mas o sentir. Quanto mais uma pessoa sofre com a degradação do meio ambiente, se indigna com o sofrimento dos animais e se revolta contra a destruição da mancha-verde da Terra, mais desenvolve novas atitudes de compaixão, de enternecimento, de proteção da natureza e uma espiritualidade cósmica.

Quão grande a responsabilidade do ser humano perante a natureza. Detém uma função específica sobre o ambiente, sobre a criação que Deus pôs a serviço da sua vida. No livro *10 palavras-chave em bioética*, Javier Gafo Fernández (2000, p. 318) diz:

> Desde que o homem, o *homo habilis*, ele existe, começa a agir com sua precária habilidade técnica sobre a natureza, embora inicialmente só conseguisse talhar grosseiramente o sílex e fabricar suas primeiras armas para com elas se defender dos animais e para poder arrancar-lhes as peles e se proteger do frio.

Já Leonardo Boff (1995. p. 131) assegura que:

> A natureza não alcançou ainda sua maturidade. Ela não chegou ainda a sua casa definitiva. Ela se encontra a caminho, porque Deus a quis assim. Por isso na fase atual sente-se como que frustrada, diante da natureza submetida à vaidade. Daí com razão diz Paulo que a criação geme até o presente e sofre dores de parto.

O ser humano participa desse processo de amadurecimento, gemendo também (Romanos 8:23). Para Paulo, existe uma profunda interdependência entre o ser humano e o restante da criação. O atraso de um implicará no atraso do outro.

O teólogo e filósofo Ariovaldo Ramos, na revista *Comunhão* (2010, n.p.), fala:

> [...] que toda a criação sofre também, porque Deus, por causa do crime da raça humana contra Ele, ao invés de aniquilar a humanidade, submeteu-a ao sofrimento (pôde fazer isso por causa do sacrifício de Jesus Cristo) E o sofrimento humano se estende a todas as criaturas sobre quem o ser humano tinha domínio. Todos, portanto, aguardam o grande dia da ressurreição da humanidade e de tudo que estava debaixo da mesma. Todo o planeta será renovado.

Daí se aguarda que todos os que sabem disso e assim o compreendem devem preservar e restaurar o meio ambiente, entendendo e compreendendo a dor das demais criaturas.

Assim o estudo da natureza assegura que o mundo é criação de Deus, criação que está sujeita à morte, no aguardo da renovação.

3. *O gemido do Espírito*

O Espírito se identifica com os gemidos humanos e com o sofrimento do mundo. Ele ajuda o homem nas suas fraquezas, ou seja, natureza, ser humano e Espírito juntos a favor da vida. Assim a natureza geme e a humanidade geme e clama, pois não conseguiu se sentir unida com o resto da criação.

Toda a criação sofre os prejuízos com os efeitos do pecado. Há uma ligação entre o ser humano e o mundo que o rodeia. A libertação que Paulo prevê para a criação no tempo da revelação dos filhos de Deus, é libertação da "escravidão da corrupção", ou seja, da condição de serem escravos da morte e da deterioração e da transitoriedade.

Fica, pois, como dever do homem proteger a criação sub--humana como o ambiente, já que a "criação" foi submetida "não por sua própria culpa" à frustração, e esses versículos no livro de Romanos dão a entender que Deus a levará a alvo digno dele. É como se estivesse a informar ao homem que ele não está preparado para desempenhar seu papel com referência à criação divina.

J. Moltmann (1993. p. 27), no livro *Doutrina ecológica da Criação*, diz: "De acordo com as tradições bíblicas, toda ação divina é pneumática em seu resultado. É sempre o Espírito que leva ao seu objetivo o agir do Pai e do Filho. Por isso o Deus trino inspira ininterruptamente a sua criação".

Essa ideia tem respaldo bíblico no texto de Salmos 104:29-30: "Escondes a face, e estremecem; se retiras o seu alento, morrem e voltam ao pó. Envias o teu alento, e são recriados. E renovas a face da terra". A fé bíblica mal interpretada e mal usada concebeu o "sujeitar a terra" como uma determinação de Deus para o domínio da natureza. Quando se fala de clamor da natureza, fala-se de crise ambiental, entendendo que se as pessoas não se conscientizarem da necessidade de modificar seus sistemas de calores, em adequação às novas situações, não poderão pôr fim à destruição provocada, desde a devastação das matas à poluição das águas; o meio ambiente natural agirá de maneira devastadora sobre elas próprias, a ex.: tsunami.

Moltmann (1993, p. 109) ainda diz que: "O reino vindouro de Deus precisa se tornar o reino da Liberdade para as pessoas que crêem e através da perfeita liberdade destas pessoas também a criatura não humana deve ser liberta". A escravização da natureza é passageira – ela quer ser liberta. O Espírito assume o gemido mudo da natureza e dos seres humanos que não sabem se expressar.

Theodore W. Jennings Jr. (2007, p. 64) diz:

> Precisamente porque Deus é o Criador do Mundo, Ele vai redimir o seu mundo, ou seja, a criação inteira. Dentro do horizonte de transformação ou renovação da terra, se encontra também a renovação do ser humano em suas relações, conduzindo a uma maneira de viver em paz com os semelhantes, com a terra e com os demais seres criados por Deus.

Então a renovação da terra é explicada por Paulo quando diz que toda a criação espera a transformação total, e esta iniciada pela mudança da vida de todos os que dela experimentam. Há uma correlação entre a renovação da natureza e a renovação do ser humano, o viver praticando a justiça com os demais, o viver em paz com todos, a importância de entender o nosso próprio mundo.

Desde o início a narrativa em Gênesis diz que Deus deu ao ser humano como presente o jardim do Éden para guardá-lo e cultivá-lo. O Éden seria o nosso planeta, a terra de onde tiramos o nosso pão diário. No salmo 24:1, lê-se: "Do Senhor é a terra e a sua plenitude". Tudo é do Senhor e a Ele pertence a terra. Quando cuidamos da terra e a cultivamos, devemos fazer com a devida reverência, o temor de que estamos tocando em propriedade não nossa, mas de Deus e que Ele nos concedeu o direito de usufruir de todas as coisas da natureza com responsabilidade.

Deus ama toda a criação. Não seria inviável pensar no ser humano sem a flora, a fauna e os demais seres viventes? Talvez um dos maiores problemas da humanidade seja a falta de consciência de que a única maneira de compreender o seu papel na natureza é considerar-se parte dela, pois o problema não é tanto o que se causa no meio ambiente, e sim a relação com ele, que é o que mais importa.

EDUCAÇÃO AMBIENTAL E SAÚDE

Uma das principais finalidades da educação ambiental é formar cidadãos conscientes e saudáveis, oferecendo-lhes condições para o seu desenvolvimento pessoal e coletivo. A natureza oferece todas as condições para que todos desfrutem de boa saúde. A base para uma boa saúde é uma alimentação equilibrada, rica em hortaliças, vegetais, frutas livres de resíduos de venenos. As plantas medicinais são rica fonte de saúde. A agricultura alternativa visa diminuir a dependência de adubos químicos e venenos por meio da matéria orgânica.

Tratando-se de educação ambiental, é de grande proveito o estudo sobre a água de beber. A revista *Família* (2010), apresentou relatório do Programa de Meio Ambiente das Nações Unidas (PNUMA) afirmando que a água abrange 70% da superfície terrestre e que 97% dessa água é salgada ou salobra, não sendo própria para o consumo humano. Dos 3% de água doce disponível, só um terço é potável. Isso nos mostra a importância não só da preservação da água como também do cuidado com ela.

Conforme esse relatório, a água contaminada mata anualmente quatro milhões de pessoas. Vai faltar cada vez mais água potável, doce, que irá dando lugar à água reciclada, clorada, mais suja e mais cara, levando-se em conta que hoje já faz falta à vida de 1,3 bilhão de pessoas.

Os sintomas de doenças mais comuns causadas pela água contaminada são: dor ao urinar, dor de cabeça, febre, dor no corpo, mal-estar e coceira. E indicativos de doenças como: verminose, micose, infecção intestinal ou vaginal, dengue, hepatite, gastrite. O uso de água imprópria para o consumo humano é responsável por 60% dos doentes no mundo. Por dia morrem de doenças relacionadas à água, como a diarreia, quatro mil crianças. Os especialistas costumam alinhar duas soluções principais para evitar a escassez de água de qualidade própria para o consumo humano: cobrar mais pelo uso do recurso e investir no tratamento de esgotos. O objetivo de cobrar mais pela água é desencorajar o desperdício (VEJA, 2008, n.p.).

O Brasil possui um patrimônio hídrico de grandes dimensões, detém 53% e 14% de toda a água doce da América do Sul e do planeta, respectivamente; entretanto, o consumo de água per capita no país multiplicou-se dez vezes entre 1901 e 2000 e cresce o desafio de explorar os recursos que tem de forma inteligente e eficiente. Várias medidas são necessárias para evitar a poluição da água. É preciso tratar a água dos esgotos que saem das residências e fábricas antes de ser despejada nos rios.

Em uma sociedade em que as pessoas contemplam a degradação do planeta e o alastramento considerável de doenças por toda a parte, muitas vezes sem direito às necessidades mais básicas, como alimentação, acesso à saúde, educação e moradia entre outros, mesmo em meio a essa situação, mudanças são possíveis. Basta verificar o que acontece no mundo para perceber que a falta de cuidado com a preservação do meio ambiente tem posto em risco a vida de muitos.

A Organização Mundial da Saúde (OMS) define saúde como "completo bem-estar físico, social e mental e não a ausência de enfermidades", visando ao resguardo do ser humano em sua residência, ambiente de trabalho, no lazer e tudo mais que com ela se relacione. Conforme a OMS, a cada oito segundos morre uma criança no mundo por uma das seguintes doenças: ascaridíase, opilação, meningite, cólera, febre tifoide, amebíase. Todas elas provocadas por bacilos ou parasitas existentes em água contaminada. O que se verifica é que a água pode ser fonte de vida ou morte e surge uma questão: o que fazer se nem todas as pessoas no Brasil têm acesso à água tratada?

A saúde de uma pessoa está diretamente ligada à higiene, quanto maior o conceito e cultura de limpeza, mais saudável a pessoa.

Alistair P. Petrie (2007, p. 228), no seu livro *Liberando o céu sobre a terra*, fala das bênçãos de Deus sobre a terra, baseando-se em Levítico 26:4-10.

> 1 Saúde ecológica – "Eu lhes mandarei chuva na estação certa, e a terra dará a sua colheita e as árvores do campo darão o seu fruto", v. 4.

> 2 Saúde econômica – "A debulha prosseguirá até a colheita das uvas, e a colheita das uvas prosseguirá até a época da plantação, e vocês comerão até ficarem satisfeitos e viverão em segurança em sua terra", v. 5.

Chama a atenção que a primeira bênção seja a bênção ecológica, o que comprova que Deus ama sua criação.

Devido ao calor provocado pelo efeito "estufa", aumenta a evaporação da água dos mares e dos rios. Assim o ar fica quente e úmido. O ar quente vem em forma de frente fria e o ar frio vem por baixo e é seco. As falhas geológicas do planeta são desafiadas e os terremotos se multiplicam. Furacões, ventanias e tufões também. As doenças começam a surgir, refletindo o mau estado de vida do homem, em grande maioria sem teto, sem alimentação essencial, a formação de defesas orgânicas, sem saúde.

Javier Gafo Fernández (2000, p. 329) diz:

> À morte das florestas corresponde a difusão das neuroses psíquicas; à poluição das águas, o sentimento vital niilista de muitos habitantes das grandes cidades. Por isso, o câncer tornou-se doença-símbolo de nosso tempo: a sociedade humana estende-se como um tumor sobre os organismos vivos da terra, e, por meio do câncer, a natureza repercute abertamente no homem.

Educação ambiental e saúde estão direta e intimamente relacionadas. Uma é a causa; a outra, o efeito. Quando o desequilíbrio aparece, como vem ocorrendo ultimamente, surgem epidemias, como é o caso do dengue, da febre amarela, da malária, esquistossomose e da tripanossomíase. Muitas das doenças que comprometem o organismo humano resultam das interações entre os fatores genéticos e as características físicas, químicas e sociais do ecossistema. A incidência crescente das doenças relacionadas com a qualidade do meio ambiente tem a ver com resíduos industriais, domésticos, que poluem o meio ambiente.

A perda de qualidade dos mananciais hídricos afeta a saúde, por meio do seu consumo, como também por meio da flora e da fauna como fonte de alimentos. No Brasil uma das principais causas da mortalidade infantil é a diarreia; a hepatite e a cólera também são doenças provocadas pelo uso de água contaminada.

Manifesto ecológico brasileiro de José A. Lutzenberger (1978, p. 38) diz:

> A nossa alimentação, que bem mereceria ser tratada como coisa sagrada, é vista como simples matéria prima a ser manipulada no interesse do manipulador, não do consumidor. Pela refinação tiramos do trigo o que de mais valioso tem, as proteínas, vitaminas e sais minerais e com "branqueadores! "estabilizantes", antioxidantes", "corantes", ou "aromatizantes" e "flavorizantes" sintéticos. Damos ao pão, bolos e doces aspecto vendável. Aquelas poucas pessoas ainda conscientes do verdadeiro valor dos alimentos, que preferem o pão integral, conseguem evitar um perigo, mas incorrem noutro. O grão integral traz mais resíduos de pesticidas da lavoura e do silo. Normalmente estes resíduos saem no farelo e vem nos atingir indiretamente através do porco, do ovo ou da galinha [...] A galinha e o porco, por sua vez, são encarados como meras máquinas de engorde. Sem falar na crueldade que significa o maltrato da gaiolinha em que a ave não pode nem as asas abrir, é bom que o público saiba que as rações "cientificamente balanceadas" para crescimento e produção máxima, já contém rotineiramente hormônios, antibióticos, arsenicais e corantes para uma gema bem amarela.

Alimentos contaminados por agentes químicos (pesticidas, anabolizantes e antibióticos) ou biológicos (bactérias, vírus) podem provocar uma série de doenças. Vários dos fatores diretos das mudanças climáticas afetam a saúde: a falta de alimentos leva à desnutrição; enchentes trazem leptospirose e contaminam fontes de água, provocando diarreia. Há o aumento dos mosquitos e o resultado: epidemias. Eles não só proliferam mais rapidamente no calor como atingem áreas que antes eram frias demais para o seu estilo de vida. Com eles, doenças como malária, dengue e febre amarela têm mais possibilidade de se propagar.

O professor José Barbosa Filho diz que: "as pressões socioeconômicas, principalmente nos grandes centros urbanos causam: hipertensão arterial, arteriosclerose e as doenças psíquicas". Acrescenta que "quando uma pessoa é exposta por longo tempo a pequenas doses da radiação ultravioleta surgem as queimaduras da pele e a conjuntivite dos olhos".

Consta na Lei do Meio Ambiente como determinante o direito de ter o ambiente adequado à saúde. Nele se inclui o oferecimento adequado de serviços de saúde, o controle de produção pelo Estado, ambiente sadio, despoluído e limpo, ambiente de moradia, ou seja, os bairros da cidade com condições de saneamento, água e transporte, e despoluição também das praias, lagoas e rios.

Os programas de saneamento e dos serviços de saúde pública têm sido de melhora e combate às doenças infecciosas, mortalidade infantil e desnutrição. Entretanto, a degradação ambiental gerou uma patologia ambiental e a reincidência de doenças chamadas de "doenças da pobreza" (dengue, cólera), ocasionadas pelo ar contaminado, águas e solos, uso de agrotóxicos e pesticidas. Ao afetar a saúde populacional, há a incidência sobre fertilidade, natalidade e mortalidade, ou seja, as mudanças ambientais influenciam em diversas áreas da vida da população, revelando assim a sua importância para a sustentabilidade do planeta.

A mortalidade de adultos e de crianças por problemas respiratórios aumenta nos meses mais poluídos. Existe uma relação direta entre as doenças do pulmão e os hábitos da vida moderna, como o uso de cigarro ocasiona males como asma, bronquites, câncer de pulmão e enfisema – poluir o ar com gases da indústria e fumaça de cigarros e igual a cometer suicídio.

No livro *A agonia das Florestas*, da Comissão Independente sobre Assuntos Humanitários Internacionais (2003, p. 26), lê-se:

> O desmatamento em áreas de florestas tropicais provoca sérios problemas de saúde, que só podem ser resolvidos através de uma sadia administração da floresta, com planejamento de assentamentos, infraestrutura adequada e cuidados com a saúde [...]. O desmatamento também provoca uma mudança no habitat dos transmissores de doenças e na relação entre estes e seu meio ambiente, o que por sua vez modifica os padrões de risco. O desmatamento pode destruir alguns focos de reprodução e, com isso ter um efeito positivo, mas também pode causar uma mudança menos desejável no comportamento do transmissor.

Há diferentes doenças associadas às florestas tropicais e ao desmatamento dessas florestas. A malária, por exemplo, a doença mais séria e a principal causa da mortalidade infantil nos trópicos e em diversas áreas desmatadas anualmente. A melhoria dos cuidados com a saúde, em geral, contribui para a diminuição de mortes no meio da população. No entanto, não só a malária tem atingido e feito vítimas, como também a leishmaniose e o tifo.

2.1 Educação ambiental e qualidade de vida

Quando falamos de "qualidade de vida", referimo-nos ao estado do conjunto de meios responsáveis pelo grau de bem-estar dos seres humanos. Os meios responsáveis pela qualidade de vida são: remuneração, moradia, saúde, educação, ou seja, tudo aquilo que nos faz satisfeitos e felizes.

Nesse caso o Poder Público é o setor que presta serviço de saneamento básico à população – sistema de esgoto. Enrique Leff (2001, p. 86) diz:

> O conceito de ambiente implica, pois, além de um equilíbrio entre crescimento econômico e conservação da natureza, a possibilidade de mobilizar o potencial ecotecnológico, a criatividade cultural e a participação social para construir formas diversas de um desenvolvimento sustentável, igualitário, descentralizado e autogestionário, capaz de satisfazer as necessidades básicas das populações, respeitando sua diversidade cultural e melhorando sua qualidade de vida. Isto implica a transformação dos processos de produção, dos valores sociais e das relações de poder para construir uma nova racionalidade produtiva com a gestão participativa da cidadania.

Nesse sentido, vê-se que as questões ambientais estão arraigadas à qualidade de vida. E esta está em todas as camadas sociais. A ecologia faz com que o ser humano reivindique os valores ligados à qualidade de vida, desenvolvimento intelectual e emocional, e as necessidades afetivas no meio ambiente. A qualidade de vida é um desenvolvimento orientado pelo conceito de encantamento da vida, questão de respeito à vida nossa e de nossos descendentes, que está devastada e tem conduzido muitos a um estado doentio, assim como o planeta está doente.

É certo que todos dependem de um ambiente equilibrado para viver. A devastação e a degradação atingem a todos e trazem graves consequências à Terra. Sem o reconhecimento da natureza e a dimensão da devastação atual para efetivar a mudança, jamais se terá uma relação saudável com o planeta.

2.2 Meio ambiente e desenvolvimento sustentável

Sustentabilidade é um conceito sistêmico, relacionado com a continuidade dos aspectos econômicos, sociais, culturais e ambientais da sociedade humana. Tem como proposta ser um meio de configurar a civilização e atividades humanas, de tal maneira que a sociedade, os seus membros e sua economia possam preencher as suas necessidades e expressar o seu maior potencial no presente e, ao mesmo tempo, preservar a biodiversidade e os ecossistemas naturais, planejando e agindo de forma eficiente na manutenção indefinida desses ideais.

A sustentabilidade abrange vários estágios de organização, desde a vizinhança local até todo o planeta, tanto que o combate ao desperdício dos recursos naturais de produtos industrializados é um dos maiores desafios para o desenvolvimento sustentável no Brasil.

O Presidente da Fundação SOS Mata Atlântica, Roberto Klabin, em matéria à revista *IstoÉ* (9 jun. 2004), disse:

> É preciso desmistificar a ideia que desenvolvimento e conservação são antagônicos, quando na verdade devem caminhar juntos, contribuindo para a melhoria da qualidade de vida e a construção de um país melhor e mais justo [...]. Pessoas arrojadas e com visão global sabem que a natureza quando tratada de forma ética e consciente, não é um obstáculo, mas sim fonte de oportunidades.

O desenvolvimento sustentável visava responder a um imenso desequilíbrio que era o meio ambiente planetário – mudanças climáticas, efeitos sobre a camada de ozônio, poluição das reservas de água, erosão da biodiversidade e envenenamento dos ecossistemas. O desafio do desenvolvimento sustentável é produzir mais riquezas consumindo menos matéria-prima e energia.

Al Gore (2008, p. 169) diz:

> O atual debate sobre o desenvolvimento sustentável é baseado no reconhecimento amplamente difundido de que muitos investimentos feitos por importantes instituições financeiras – como, por exemplo, o Banco Mundial – estimularam o desenvolvimento econômico do Terceiro Mundo, incentivando a exploração, a curto prazo, dos recursos naturais, assim dando prioridade ao fluxo de caixa a curto prazo em detrimento de um crescimento sustentável a longo prazo. Esse padrão tem pre-

> dominado, devido tanto à nossa tendência de descontar o valor futuro dos recursos naturais quanto a nossa omissão em calcular devidamente sua depreciação à medida que se esgotam no presente [...] Tanto é que algumas empresas estão tentando descobrir se a nova conscientização das pessoas sobre o meio ambiente é temporária ou permanente". A questão ambiental não se resume em preservar a diversidade biológica para manter o equilíbrio ecológico do planeta, mas em valores a diversidade étnica e cultural do ser humano, descobrindo formas de produzir sem destruição da natureza.

A questão ambiental não se resume a preservar a diversidade biológica para manter o equilíbrio ecológico do planeta, mais em valores, diversidade étnica e cultural do ser humano, descobrindo formas de produzir sem destruição da natureza. Para tanto, novos conhecimentos são exigidos e faz um chamado a ações concretas em produção e em projetos, incentivando a comunidade à participação direta na transformação de recursos ambientais que venham a satisfazer as necessidades básicas e melhorar a qualidade de vida das pessoas.

Para a preservação do ambiente, novas economias sustentáveis são necessárias, numa gestão participativa da comunidade ao gerar estratégias, fazendo frente aos impactos do desemprego, da pobreza e da marginalização, promovendo o aproveitamento integral dos recursos disponíveis, desenvolvendo programas sociais e os princípios de racionalidade ambiental.

Preservar a biodiversidade é salvaguardar a evolução do planeta e da vida. Ela compreende todas as formas de vida, a totalidade dos genes, das espécies (animal, vegetal e micro-orgânica) e ecossistemas. Na verdade, a biodiversidade constitui um patrimônio natural e é um recurso vital para o homem, pois dela é extraído o alimento, os remédios e as matérias-primas.

Pela educação ambiental, novos cursos surgem que satisfarão as necessidades básicas, contribuindo para a geração de uma cultura que possibilite integrar os marginalizados num processo de produção e aproveitamento dos recursos ambientais em um ambiente sadio, com novas formas de vida social e diversidade de projetos culturais.

Enrique Leff (2001, p. 66) afirma que:

> A valorização da natureza induzida pelo ambientalismo emergente está se refletindo na economia pela alta dos preços, dos recursos e dos custos ambientais. Porém, o movimento ambiental não só transmite os custos ecológicos ao sistema econômico como uma resistência a capitalização da natureza; as lutas sociais para melhorar as condições de sustentabilidade e a qualidade de vida, abrem um processo de reapropriação social da natureza.

Nessa perspectiva, são criados novos valores e teorias orientando a ação social para uma visão mais ampla e em harmonia com a natureza.

> Que, quando falamos em desenvolvimento sustentável, estaremos remetendo em primeiro lugar, mais proximamente de nós e necessariamente, aos estilos de vida, práticas de consumo, à auto-organização das localidades e regiões com suas vocações econômicas, ao uso dos recursos imediatos de forma renovável à máquina da publicidade e mercado, enfim, às demandas dos indivíduos na sociedade contemporânea. Enrique Leff (2001, p. 66)

São questões ligadas à qualidade de vida, cidadania, educação e cultura, e, começando-se pelos meios menores consecutivamente, serão alcançados resultados eficazes e mais visíveis. E, quando se trata de questões culturais, leva-se em consideração a história da constituição brasileira – na base do escravismo, do trabalho, do autoritarismo e da alienação da população dos processos decisórios, o que já mostra quantas práticas irresponsáveis estão envolvidas.

O que temos pela frente é a tarefa de mudar o quadro, mostrar às pessoas da comunidade que estamos diante de novas posturas a serem adotadas, de uma crescente mobilização voltada ao desenvolvimento da "essência humana em suas potencialidades, passando a vinculação entre o comportamento humano e a prática relacionada à natureza" (BOFF, 1999, p. 134).

Leonardo Boff (1999, p. 134) relata os nove princípios de sustentabilidade da Terra, estabelecidos pelo PNUMA, o Fundo Mundial para a Natureza e a União Internacional para a Conservação da Natureza. São eles:

1. Construir uma sociedade sustentável.

2. Respeitar e cuidar da comunidade dos seres vivos.

3. Melhorar a qualidade da vida humana.

4. Conservar a vitalidade e a diversidade do planeta Terra.

5. Permanecer nos limites da capacidade de suporte do planeta Terra.

6. Modificar atitudes e práticas pessoais.

7. Permitir que as comunidades cuidem de seu próprio meio ambiente.

8. Gerar uma estrutura nacional para integrar desenvolvimento e conservação.

9. Constituir uma aliança global.

Podemos observar que esses princípios estão fundamentados no cuidado. Cada pessoa se descobrindo como parte do sistema e não alheia a ele, revendo hábitos de consumo e entendendo que se resume no cuidado a ética de um planeta sustentável.

Matéria publicada na revista *Veja* (2006), intitulada "Alerta Global – 7 megas soluções para o mega problema ambiental", apresenta como soluções sete projetos radicais para salvar o planeta e as principais consequências das mudanças climáticas.

1. Trocar o carvão pelo átomo – proposta: substituir 300 usinas termelétricas atualmente planejadas no mundo por usinas nucleares. A usina nuclear não contribui para o efeito estufa.

2. Enterrar os gases tóxicos – armazenar sob o solo o gás que gera o efeito estufa.

3. Colocar refletores de calor em órbita – proposta: espalhar discos para desviar parte dos raios solares que atingem a Terra, reduzindo-os em 2%.

4. Pôr um guarda-sol no espaço – conseguiria desviar de 1% a 3% dos raios solares que atingem a Terra, eliminando o efeito estufa.

5. Espalhar enxofre na atmosfera – a temperatura média da Terra pode cair meio grau. Como o efeito estufa tornou o planeta 1 grau mais quente no último século, teoricamente suas consequências – como secas, enchentes e furacões – se fariam sentir em menor escala.

6. Multiplicar o fitoplâncton – adicionar ferro aos oceanos para "fertilizá-los" e estimular o crescimento do fitoplâncton, conjunto de algas microscópicas que vivem na água. Essas algas absorvem parte do CO_2 – o gás causador do efeito estufa da atmosfera.

7. Colocar mais água nas nuvens – consiste em pulverizar as nuvens sobre o oceano com gotículas de água salgada para aumentar sua capacidade de refletir os raios solares. Dessa forma, menos calor do sol alcançaria a Terra, atenuando o efeito estufa.

Se o aquecimento global não for contido, a redução do volume de chuvas pode chegar a 40% na Península Ibérica e aumentaria o número de incêndios florestais nos Estados Unidos, dobrando a ocorrência de tais acidentes. Com vistas ao desenvolvimento sustentável, o Programa Decênio para a Educação, lançado em Nova York em 1.º de março de 2005, assegura que a educação pode contribuir para a sustentabilidade, ensinando os jovens a desenvolver pensamento crítico, adotando valores que lhes permitam fazer escolhas tanto na vida diária quanto na coletividade.

Outro passo fundamental em prol do desenvolvimento sustentável é o combate às desigualdades, revelando que a vida das populações depende diretamente do ambiente natural, apoio às políticas que preconizam o desenvolvimento sustentável dos serviços do ecossistema, pois a pobreza e a degradação ambiental estão intrinsecamente ligadas a processos decisórios que ocasionam a exclusão social, restringindo o acesso aos recursos naturais.

Para um empreendimento humano ser sustentável, tem de ter em vista quatro requisitos básicos. Esse empreendimento tem de ser:

- Ecologicamente correto

- Economicamente viável

- Socialmente justo

- Culturalmente aceito

Como Enrique Leff (2006, p. 290) diz:

> A sustentabilidade é a marca de uma crise de uma época que interroga as origens de sua emergência no tempo atual e sua projeção até um futuro possível que leva à construção de uma racionalidade alternativa fora do campo da metafísica, do logocentrismo e da racionalidade econômica que produziram a modernidade insustentável.

A crise ambiental implica um novo saber, uma nova postura perante toda a complexidade ambiental, desconstruindo as bases da verdade absoluta para uma nova compreensão do mundo, novos conhecimentos, que vão além dos discursos.

2.3 Consumismo

Há um aceleramento do consumismo e daquilo que o produz. Segundo Rodney Clapp (1997, n.p.): "O problema com o consumo e o consumismo capitalista é que este tem provocado historicamente uma febre extrema onde tudo se transforma em consumo". Jonathan Porrit (1991, n.p.), no livro *Salve a Terra*, afirma que "o homem tornou-se de atitude dominadora e arrogante, em relação à criação de Deus". E assim a natureza recebe toda espécie de agressão.

Na nossa sociedade consumista, as pessoas são programadas para consumir por impulso, a sensibilização não é trabalhada, geralmente não se para pensar sobre as escolhas, o que pode e deve ser feito como consumidor, e que as coisas não são separadas, mas interligadas umas às outras. A grande onda de propagandas estimula o consumo, que se torna cada vez mais desenfreado, com a finalidade de fazer as pessoas desejarem o que não desejavam antes. Parece que desabrocharam os velhos desejos dos seres humanos.

Até o século XIX a maioria dos lares eram lugares de produção e não apenas de consumo. Com a Revolução Industrial, vieram as mudanças e a industrialização tomou conta, da produção caseira; o número de fábricas aumentou e a insatisfação também do consumidor, que bem não se utilizou de um produto, já surge outro e o anterior precisa ser substituído, pois tornou-se antiquado. Só que a maioria dos produtos que são substituídos para onde são encaminhados? O consumidor consciente equilibra a sua satisfação pessoal com a sustentabilidade. Não compra mais do que necessita.

Leonardo Boff (1999, p. 134), diz: "Para cuidar do planeta precisamos todos passar por uma alfabetização ecológica e rever nossos hábitos de consumo. Importa desenvolver uma ética do cuidado". O consumo consciente é uma estratégia para construir a sustentabilidade do planeta. O consumidor consciente pensa de modo diferente, porque pensa nos impactos das suas ações, planeja as compras, sabe como usar os produtos, evita o desperdício, faz coleta de lixo reciclável, recicla, reutiliza e reduz o consumo.

Leonardo Boff falando sobre a "Carta da Terra", na revista *Ecologia e Desenvolvimento* (2000, n.p.), diz:

> Temos que inventar um novo paradigma de civilização dentro do qual o desenvolvimento se fará em consonância com a natureza e não contra ela; será solidário com todos os humanos e caracterizados pelo cuidado para com todos os seres vivos e inertes da natureza [...]. Dessa vez, não há uma arca de Noé que salve alguns e deixe perecer os demais. Ou nós inauguramos um novo padrão civilizatório de produção responsável e consumo solidário ou destruímos as bases que sustentam a biosfera e o projeto planetário humano [...]. Os gemidos da natureza e o consumismo desenfreado dos recursos e o agravamento da poluição em escala planetária alertam sobre a finitude da vida, se a humanidade não estabelecer novos parâmetros de convivência.

Na revista *Veja* (2008, p.158), a reportagem "Tempo e dinheiro para comprar" assegura que "Os brasileiros com mais de 60 anos consomem como nunca; e as empresas já lançam produtos só para eles [...]. Eles têm dinheiro no bolso, tempo de sobra para o consumo e uma notável disposição para gastar". Torna-se difícil colocar os bens materiais na perspectiva correta quando se vive em um mundo dominado por um espírito competitivo, por uma visão distorcida do que é realmente importante. Mesmo no meio evangélico a simplicidade e satisfação (contentamento) não parecem estar em prioridade. Certo é que tanto a simplicidade quanto o contentamento não são adquiridos por um processo rápido. A simplicidade dá sanidade à nossa extravagância compulsiva, ajudando a ver as coisas materiais como realmente são.

Na sociedade, a maioria é composta de pessoas descontentes, frustradas, que, ao serem bombardeadas por propagandas que induzem a gastos desnecessários, querem adquirir os produtos, porém, quando não podem comprar o que é exibido na tela, enchem-se de insatisfação. Outras compram por compulsão, precisando ou não do produto, tendo ou não dinheiro e vão se endividando. A compulsão pela compra é diferente do desejo de obter algum bem material. Os compulsivos em compras desencadeiam muita ansiedade só ao imaginarem-se indo aos shoppings, mesmo sem nenhuma necessidade daquele produto. Compram-no. Compra-se de tudo, inútil, necessário, podendo às vezes nunca utilizar o que foi adquirido.

A visão materialista tem seduzido os cristãos a um modo de vida em que a supervalorização dos famosos e ricos é enaltecida e muitos sem fundamento bíblico, quando não alcançam o almejado, tornam-se depressivos e angustiados. Parece prevalecer entre os evangélicos hoje uma mentalidade influenciada pelo consumismo (inclusive de coisas supérfluas), característica da sociedade capitalista, e isso influencia até mesmo nas questões espirituais.

Todos precisam consumir. Consumimos alimentos, cultura. O consumo se resume a gastar algum recurso para suprir as necessidades fundamentais: diversão, alimentação, vestuário, moradia. O problema está em identificar a fronteira entre a necessidade real e a fabricada por mecanismos próprios da estrutura humana, muitas vezes colocados para funcionar por sugestões de terceiros. O consumo é algo inerente à vida humana, um atributo da cidadania. Já o consumismo é aquele comportamento que conduz a pessoa a dar demasiado valor às coisas materiais, às posses por meios lícitos e ilícitos.

Observo que o que faz crescer o consumismo é a oferta de produtos postos às vistas das pessoas, e as condições "facilitadas" de aquisição. Nem sempre no momento da compra, ou antes dela, pergunta-se sobre a real utilidade daquele produto. Quase sempre a produção do que consumimos não leva em consideração o planeta, o impacto que terá sobre o ecossistema.

Segundo Al Gore (2008, p. 182):

> Conforme a população aumenta e nosso desejo por padrões mais elevados de consumo continua a crescer, solicitamos da civilização maior quantidade de tudo aquilo que queremos, enquanto

> ignoramos o estresse e o esforço que rompem a estrutura de todo o mundo natural. Por nos sentirmos mais próximos do supermercado que do trigal, prestamos mais atenção às cores vivas do plástico que embrulha o pão do que a camada superficial do solo em que o trigo foi cultivado. Assim conforme concentramos a atenção cada vez mais no uso de processos tecnológicos para atender nossas necessidades, entorpecemos a capacidade de sentir nossas ligações com o mundo natural.

Por exemplo, as sacolas plásticas de supermercados, padarias e outros estabelecimentos comerciais possuem como matéria-prima o plástico, filme produzido por uma resina sintética vinda do petróleo. No Brasil, são fabricadas 220 mil toneladas por ano desse plástico, o que representa quase 10% de todo o lixo do país e levam séculos para a sua decomposição na natureza. Na Irlanda e na Alemanha, quem quiser um desses sacos paga imposto por ele; em Londres, os clientes são incentivados a levar suas sacolas para as compras.

Um terço do lixo doméstico no Brasil é composto de embalagens que poderiam ser recicladas. Nem todos sabem que no Brasil reciclar pneus é lei. Já existem muitas empresas recicladoras credenciadas para recolher pneus velhos. Com a borracha dos pneus são produzidos isolantes acústicos, asfalto, enchimento para bancos de carro e pisos sintéticos; até o aço encontrado no interior dos pneus é reaproveitado.

Em 2010, o Brasil reciclou mais de 300 mil toneladas de pneus (dados da Reciclamp, entidade responsável pela coleta e destinação ambientalmente correta de pneus). Quando descartado de maneira incorreta, os pneus representam séria ameaça ao meio ambiente; eles demoram em média 600 anos para se decompor, facilitando a proliferação de insetos causadores de doenças.

A temperatura do planeta será maior à medida que mais emissão de CO_2 e outros gases do efeito estufa forem liberados. Os cientistas preveem o aparecimento de furacões, maior incidência de enchentes e incêndios e doenças.

2.4 Lixo

A palavra "lixo" vem do latim e significa escória, cinza no *Dicionário Escolar da Língua Portuguesa*. (1999, p. 378). Na natureza não existe o conceito de lixo, porque toda substância é reciclada no sistema ecológico e gera energia extra, produzindo resíduo zero, característica fundamental para a compreensão do que seja um sistema social humano e um sistema ecológico.

A Dr.ª Roseane Palavizini, no jornal *Meio Ambiente* (2020, n.p.), diz: "Podemos entender o lixo como algo que produzimos no sistema de vida humana e que não conseguimos retornar à natureza, gerando um fenômeno desafiador para a sustentabilidade dos ecossistemas e ambientes no planeta Terra". Esse fato tem conduzido cientistas e ambientalistas, entre outros, a buscar soluções remediadoras ou definitivas para esse fenômeno. Só que a questão lixo, além de ser um grande desafio, é muito mais estruturante nas sociedades humanas por causa do desequilíbrio entre o ser humano e a natureza. O consumo é maior do que a produção; os resíduos são muito mais gerados do que reutilizados ou reciclados.

Elizabeth Rogers e Thomas M. Kostigen (2009, p. 55) afirmam que o tipo de lixo que mais cresce em todo o mundo não se trata do "lixo bom", são os monitores de computador, estes contêm chumbo; baterias, lítio. Além disso, há o zinco, o mercúrio e o cobre, que integram os circuitos das máquinas de hoje em dia. Quando queimado, esse material envenena o ar que respiramos. Quando empilhadas, as toxinas vazam para o chão e contaminam o solo e os lençóis subterrâneos. O problema é enorme.

A avalanche de lixo despejado das cidades é um dos mais evidentes sinais da relação de desequilíbrio entre o ser humano e o meio ambiente. É como se a "sociedade descartável" como muitos chamam-na imaginasse que recursos sem fim estariam à sua disposição e também repositórios ilimitados permitiriam usos dos refugos. Como diz Al Gore (2008, p. 182): "O fascínio pela tecnologia tomou o lugar daquele que fora um fascínio pela Maravilha da natureza". O lixo industrial sólido produzido em quantidades significativas de contaminantes, como o mercúrio, o chumbo, lixo hospitalar, sem falar no lixo nuclear, o mais perigoso, pois é tóxico em sua essência, o que equivale a pedir uma contribuição individual e escolher maneiras de redução.

Fato é que estamos gerando em excesso lixo e rejeitos de todos os tipos. Esses hábitos sendo mantidos costumeira e continuamente trarão grandes consequências ao ambiente, e, mesmo com a reciclagem, o resultado ainda ficará a desejar.

Seria uma estratégia que traria resultados satisfatórios a maneira de encarar o consumo, desafiar a convicção de que tudo que se estraga ou quebra deve ser substituído por um modelo novo e melhorado. Mesmo que a sociedade do consumo não ficasse tão satisfeita, estaríamos num processo de educação ambiental e o planeta em que o lixo fora gerado agradeceria. Uma grande parte dos rejeitos orgânicos se decompõe, produzindo metano, o que gera a explosão e incêndios no subsolo dos depósitos, e contribuindo para aumentar a quantidade desse gás na atmosfera, tornando mais perigoso o efeito estufa.

O acúmulo de lixo é uma questão fora de controle, porque o lixo produzido é em quantidade grande. O lixo industrial geralmente é depositado em uma área de propriedade do dono da indústria, porém o local é sempre próximo de onde os resíduos foram gerados e infiltram-se no fluxo da água do subsolo ou são dispersados pelos ventos. Entre todos os problemas ambientais, o de maior incidência talvez seja o lixo e é necessário rever os hábitos de consumo, desafiando a certeza de que tudo que quebra precisa ser substituído, sem pensar onde vai parar tanto lixo no planeta. Os efeitos causados ao meio ambiente pelas opções econômicas são incalculáveis.

2.5 Desperdício

O ser humano não se comporta corretamente diante do planeta em que habita. Ele é invadido pela cultura do exagero, do excesso e do desperdício. Isso por pensar que os recursos da Terra são infinitos e que é senhor dela. Tudo isso é refletido na ecologia, no meio ambiente e daí se origina a crise ecológica.

O Brasil está demasiadamente arraigado na cultura do desperdício. A história do país foi originada na exploração das riquezas existentes, e, ao longo dos anos, houve desperdício de uma grande quantidade de recursos vegetais e minerais. Talvez por dispor de um território extenso, que é uma situação privilegiada, o povo tenha uma noção de infinitude dos recursos naturais.

Nos últimos anos é que se iniciou a valorização dos trabalhadores catadores de lixo, porque a devastação ambiental chegou a tal ponto que causou preocupação quanto ao presente e ao futuro. Em várias instituições tem se utilizado o lema "Reduzir o desperdício". Há atualmente em vários restaurantes brasileiros a cobrança de uma taxa para aquelas pessoas que desperdiçam alimentos. O esbanjamento traz dano em qualquer que seja a ação – comer, beber, divertir-se, dormir, entre outras.

Glória Dias da Cruz (2001, n.p.), na revista *Desenvolvimento Sustentável*, diz que: "A questão do desperdício é, de fato, resultado dos padrões de educação de nossa sociedade, que ainda não assimilou a necessidade de se incorporar a filosofia da austeridade ao nosso dia-a-dia, em contraposição ao hábito do desperdício". O desperdício explora a natureza e contamina-a com o descaso.

O engenheiro Douglas Messina, do Instituto de Pesquisas Tecnológicas de São Paulo, nessa mesma matéria da revista *Veja* (2010), fala sobre o reuso da água e dá dicas de como fazer isso, mostrando que, por exemplo, quanto ao uso da água, temos como evitar o desperdício. A água em que se lava as mãos pode ser reutilizada para dar descarga. Num país em que 40 milhões de brasileiros passam fome, toneladas de alimentos são jogados fora diariamente. E fica bem claro que antes de tentar matar a fome é preciso combater o desperdício, que é alarmante. É a famosa cultura do desperdício a responsável por muitas pessoas passarem fome e serem desnutridas.

Em Belo Horizonte, a associação chamada Serviço Voluntário de Assistência Social (Servas) cuida de um programa denominado

VITASOPA, que alimenta crianças e adultos em diversas entidades, com o preparo da sopa a partir de excedentes de verduras, legumes e cereais doados por comerciantes do Ceasa e produtores rurais. O que iria para o lixo vai para a assistência e suprimento de muitas pessoas e assim combate-se não só um problema do país, como três grandes problemas, que são a fome, a desnutrição e o desperdício, segundo reportagem da revista *IstoÉ* (2004).

Esse cuidado com o excedente tem respaldo bíblico registrado em João capítulo 6:12-13. Quando todos receberam o que precisavam para dar assistência às suas necessidades, os discípulos recolheram os pedaços que sobraram "para que nada se perdesse", foi a ordem de Jesus.

É bom lembrar que em todas as áreas da vida há excedentes e raras vezes é dada atenção a eles. A destruição de base de recursos da Terra e seu efeito nos valores culturais e humanos provocaram a necessidade de orientar vários meios de desenvolvimento para eliminar a pobreza e passar da sobrevivência a uma melhor qualidade de vida.

Nesse ponto os princípios da Carta dos Direitos Humanos relativos ao meio ambiente trazem reivindicações que apontam não só a satisfação das necessidades básicas, mas também o direito à vida com dignidade. O esbanjamento irracional e sem critério tem levado e levará a conflitos cada vez maiores, sem respostas racionais. Pequenas economias de coisas, por exemplo, água, gás de cozinha, luz elétrica gera ou pode gerar impacto significativo.

Retiramos mais da natureza do que ela consegue repor no mesmo período de tempo, além de retirar dela o que ela não pode repor em período algum, como exemplo; os insumos não renováveis. Acumula-se lixo tóxico que vai causar o desgaste da natureza; desperdiçam-se bens tangíveis e intangíveis. Com o lixo, poluem--se os mares, o ar e a terra, minando a saúde dos seres humanos.

O desperdício de alimentos no Brasil é o mais alarmante. Da lavoura à cozinha, metade do que é produzido no campo vai para a lata do lixo. Na fase da colheita, grande quantidade de alimentos se estraga ou é descartada por falta de tecnologia e habilidade adequada. Há também perdas por falta de estrutura no armazenamento e no transporte dos alimentos para os supermercados e feiras livres, lugares onde não se aproveita tão bem grande parte desses produtos.

Segundo Fulvio Giannella Júnior (2008, n.p.), os brasileiros não dão bom exemplo quando o assunto é desperdício. Não importa de qual ângulo a questão é observada, temos o péssimo hábito de não aproveitar com racionalidade tudo o que produzimos. E os números que dimensionam essas perdas são astronômicos. Chegam a incríveis 150% do Produto Interno Bruto (PIB) – o valor total da produção de bens e serviços verificados no País. Significa dizer que em 2007 o Brasil deixou escoar pelo ralo 3,9 trilhões de reais em bens produzidos.

A cultura do desperdício domina nossa sociedade; isso pode ser observado nos lares e restaurantes também na preparação de alimentos, com excesso de sobras, as quais poderiam ser bem utilizadas, sendo mínimo o aproveitamento do lixo orgânico. Alguns desperdícios ocorrem por pura desinformação. O conhecimento é a base da luta pela melhoria da qualidade de vida. As donas de casa têm o hábito de desprezar partes consideradas "pouco nobres" de hortaliças e frutas, como cascas e talos, jogando fora parte dos alimentos com grande valor nutritivo. E que o bom aproveitamento dos alimentos pode melhorar a qualidade de vida.

A diretora do Instituto de Nutrição Anne Dias (IAI), Valéria Zacarias, falando de reaproveitamento de alimentos, afirmou que "É essencial que todos conheçam o valor real dos alimentos, pois o aproveitamento integral destes é fundamental para reduzir as mortes e doenças causadas pela desnutrição, é indicada não só para pessoas de baixa renda, mas para qualquer categoria social". Folhas de beterraba, batata-doce, nabo, abóbora, couve-flor, mostarda, rabanete, hortelã não devem ser jogados fora, assim como as casas da batata inglesa, banana, pepino e maçã, e as sementes da abóbora, melão, jaca e melancia. Pratos gostosos e nutritivos podem ser feitos com esses alimentos.

Outro desperdício verificado é o da água, devido ao uso irracional dela, chegando a causar grandes prejuízos. São problemas diversos: vazamentos nas redes, uso descontrolado e inadequado da água em casas, indústrias e, especialmente, na agricultura, em que o desperdício se dá porque a planta não absorve grande quantidade do volume de água aspergido, perdendo-se o resto que corre pelo solo ou evapora-se.

No país 50% da água tratada é desperdiçada e, após sua má utilização, ela é devolvida às fontes, aos mananciais com diversos e altos níveis de contaminação, o que gera novos custos para que possa ser novamente consumida. O problema da água é há bastante tempo discutido por autoridades no assunto, mas o que parece é que as pessoas na correria do cotidiano não refletem sobre as consequências das ações e ainda se veem pessoas lavando a calçada com água, parecendo um rio no asfalto, só que água junto aos lixos vai causar entupimento nas canaletas, podendo dificultar o trânsito como transformar-se em focos de mosquitos.

São muitos hábitos antiecológicos mesmo com a escassez de água. Cada um pensando no seu bem-estar, na limpeza de sua área, sem pensar no valor real de algo que alimenta o corpo e é a energia do planeta. Sem a noção do todo, como se estivéssemos separados da natureza, sem noção de limite, de finitude, sem respeito à natureza, sem a menor interação com o universo.

Uma questão de educação e desperdício é que, independentemente da classe social, costuma-se jogar tudo dentro dos rios. O cidadão brasileiro não se sente comprometido a mudar esse mau hábito. Outros agem assim por não possuírem sistemas de coleta e faltar informação sobre as consequências que isso traz.

Notável é a sociedade em que vivemos, sufocada pela obsessão e paixão por possuir. Parece que o correto é acumular bens e posses, e, nessa correria desenfreada para satisfazer os desejos de consumo, às vezes sem perceber a onda de consumismo já é um valor transmitido para as gerações seguintes. Há algum tempo a mídia vem mostrando alguns produtos para serem vendidos por meio de músicas, telenovelas, programas de auditório etc., processo planejado pelos grandes grupos econômicos com a abertura dos mercados e a invasão dos importados, entre outros.

Hoje, não se trata mais de falar de produtos consumíveis, mas do consumo da água, da exterminação da raça, e vale ressaltar que o consumo do ser humano extrapolou a razão. Apesar de ser o Brasil o quarto produtor mundial de alimentos e o primeiro exportador, 72 milhões de pessoas vivem em insegurança alimentar. Na revista *Novo Olhar* (2009, n.p.), a matéria "Banco de Alimentos" ressalta a realidade: "mesmo com tanta gente com dificuldade de acesso à comida, todos os dias são jogados fora mais de 34 milhões de quilos de alimentos, o que daria para abastecer uma parte significativa dessa população, algo em torno de 19 milhões de pessoas".

Não é fácil controlar uma sociedade invadida pelo bombardeio incessante de mensagens convidativas ao consumo e automaticamente ao desperdício, os seres humanos precisam saber controlar seus gastos.

O consumo consciente é esperado pela sustentabilidade, A humanidade se acostumou a gastar mais do que a natureza produz e isso deve ser mudado. A começar, em casa, gastar menos do que se ganha é a meta, reduzir o endividamento.

Não desperdiçar alimentos não é prioridade para as pessoas pensando em impacto ambiental, pois não é visto como gerador de impacto no meio ambiente, mas a produção de alimentos desde a fase agrícola ao transporte da colheita para a unidade industrializada é fortemente impactante no ambiente.

A revista *Veja* (2008), fala sobre a água, que pode faltar, e afirma que a humanidade a desperdiça e polui como se nada valesse e já paga o preço por isso. Uma em cada três pessoas não dispõe desse líquido em quantidade suficiente para atender às suas necessidades básicas, embora dois terços da superfície da Terra sejam cobertos de água. A explicação para tal contraste é que a ação humana afetou de forma decisiva a renovação natural dos recursos hídricos. A poluição dos rios por dejetos e esgotos, em alguns casos, é irreversível e a fonte não poderá mais ser utilizada, levando-se em conta também que a população do planeta aumentou assustadoramente e a água não se multiplicou na mesma proporção.

O professor José Abrantes coletou dados em sua pesquisa sobre as principais perdas registradas no Brasil, em diversas áreas, e registrou na revista *Família Cristã* (2008, p. 51-53), o retrato do desperdício:

93% da Mata Atlântica devastada

57% de desmatamento do Cerrado

49% de devastação da Caatinga

28% do PIB em virtude de corrupção, em todos os níveis

18% do desmatamento da Floresta Amazônica

15% do PIB em relação à baixa escolaridade e exclusão social

14% do PIB envolvendo problemas de transporte e infraestrutura

11% do PIB levando em conta contrabando, pirataria e biopirataria

2% do PIB pelo não reaproveitamento do lixo urbano.

Isto para demonstrar quanto no Brasil o desperdício é alarmante; na energia elétrica com perdas de mais de 30% nos usos doméstico e industrial; na construção civil as perdas com materiais de construção também são grandes. Os governos deveriam lançar uma campanha contra o desperdício, quem sabe acabariam com a cultura do brasileiro de desperdiçar.

As propostas de ação para o combate ao desperdício foram eixos de ação educacionais indicado pelos seguintes tópicos:

- determinação de dirigentes e união de todos, educação, qualificação e treinamento;

- utilização otimizada de recursos;

- organização de empresas e instituições;

- limpeza constante de todos os ambientes;

- melhoria da saúde e bem-estar do povo;

- conscientização para a autodisciplina de todos;

- combate aos desperdícios e ações de sustentabilidade.

Sem dúvida, é um grande trabalho assumir responsabilidades pelas ações que praticamos todos os dias contra a Terra. Cada pessoa produzindo uma quantidade de lixo diariamente. Sem contar o esgoto, sem a separação é realmente lixo; separando os materiais, virarão recursos novamente e ameniza-se a situação do planeta.

De acordo com uma pesquisa do Akatu divulgada em 2009, em média 1/3 dos alimentos perecíveis é desperdiçado pelas famílias do Brasil. Tom Sine (2001, p. 115-116) diz:

> Inventaram uma estratégia mercadológica para criar uma classe permanente de consumidores insatisfeitos. Até então a maior parte das pessoas vivia bem feliz se conseguisse satisfazer as suas necessidades humanas essenciais. Alcançando esse estágio, o seu ritmo de consumo se estabilizava. A satisfação dos consumidores apenas com o bastante sempre foi um sério problema para aqueles que querem promover um nível elevado de crescimento econômico [...]. Nos últimos anos, os profissionais do marketing descobriram um meio eficaz de nos convencer a aumentar o nosso desejo de consumir mais. Eles procuram nos convencer de que, além das necessidades humanas básicas de ar, água, alimento e abrigo, todos nós temos uma quinta necessidade humana: a necessidade de novidade, "a necessidade ao longo da vida de uma contínua variedade de estímulos externos aos nossos olhos, ouvidos, sentidos ou órgãos, e a toda nossa rede nervosa. E a maioria esmagadora de nós, inclusive as pessoas de fé, parece ter entrado na onda dessa propaganda.

Cada vez mais os seres humanos são atacados por muitas mensagens de convencimento de que precisam consumir mais,

A EDUCAÇÃO AMBIENTAL E A IGREJA EVANGÉLICA

senão estão à margem, por fora da onda, e mais shoppings são abertos e parece algo sem fim, grande demais para ser contido.

No mundo, a indução é cada vez maior para que se consuma mais, os bens já saem das fábricas menos resistentes; não têm grande duração e a grande ilusão do "ter" o torna obsoleto. Aí redobra a importância da reciclagem e da coleta seletiva, como uma proposta educativa na solução de problemas ambientais.

Elizabeth Rogers e Thomas M Kostigen (2009, p. 61) afirmam:

> A base de tudo é o conhecimento, a consciência e a disposição de mudar os seus hábitos. Quando você é criança, sua mãe lhe diz para arrumar o quarto e apagar a luz; Então você a escuta e obedece. Bem, às vezes, isso se torna um hábito. Algo que você faz sem pensar [...]. Se todos começarmos a aprender uns com os outros e compartilharmos as coisas que fazemos, podemos acabar melhorando o mundo por meio desses rituais simples. De uma forma curiosa, seria uma grande onda de conscientização: fazer o que é certo sem que alguém mandasse e sem ter que pensar por quê.

3

ÉTICA AMBIENTAL

Cabe à ética ambiental propor um sistema de valores em associação com uma racionalidade produtiva e uma diversidade de estilos de vida. Definir regras gerais de comportamento para garantir paz nas relações estabelecidas.

Enrique Leff (2001, p. 91) afirma que:

> A ética ambiental busca não só despertar o ser humano de seu pesadelo desumanizante, de seu alheamento da técnica, e recuperar seus valores essenciais; seu propósito é criar condições para a criatividade de todos, a realização de seus potenciais, abrir as opções para a heterogeneidade de sentidos da vida, para o encantamento da vida e novas formas de solidariedade social [...]. A ética ambiental propõe um sistema de valores associado a uma racionalidade produtiva alternativa, a novos potenciais de desenvolvimento e a uma diversidade de estilos culturais.

Isso significa conseguir uma vida digna para o ser humano, promovendo um desenvolvimento de qualidade de vida em que o homem tenha consciência e se sinta responsável ao reconhecer a triste constatação da falta de organização, do desperdício das potencialidades de sua existência. Requer-se que os valores ambientais sejam inculcados por meio de diferentes formas e meios, produzindo efeitos educativos, e a ética ambiental exige os valores da integridade humana, a solidariedade social, o sentido e o encantamento da vida.

As questões ambientais (desperdício, poluição degradação do ser humano e da natureza) são vistas, no nível do senso comum, como questões isoladas sem observar a totalidade social da qual fazem parte e que deve ser pensada pela ética.

Quanto aos valores éticos da sobrevivência imposta pela educação ambiental, são uma necessidade moral, com itens a serem observados como visão social e política da realidade que se quer transformar, sem esquecer os obstáculos a que cada instituição se acha submetida, sejam políticos, financeiros ou ideológicos. Para um avanço, faz-se necessário não se deter nos obstáculos, mas na busca das possibilidades.

Brota do coração do ser humano o grito ético, diante da crescente devastação da natureza. É como se estivesse todo tempo a bradar. Não há mais como contemplar o desrespeito ao ser vivo de forma geral; não às construções de bombas atômicas que matam e contaminam a Terra, produzindo gases venenosos que assassinam milhões nos campos de concentração; não às tecnologias de morte.

Um novo passo é dado pela ética na busca de um ponto de equilíbrio entre a razão e o cosmos. O mesmo Deus criador da beleza e da bondade criou a natureza e a razão humana, e ambas foram feitas não individuais, mas coletivas, ou seja, como humanidade. A ética ambiental estabelece o princípio maior do agir humano; viver de tal forma que tudo o que fizeres, gere vida para ti, para os outros seres humanos, para o conjunto da criação.

Na ética ambiental é importante lutar por um consumo ético. Descobrir a procedência das mercadorias, dos serviços, assumindo uma postura de alteridade. Saber como o produto foi feito, pois há produtos que são fabricados por mão de obra infantil ou por trabalho escravo, sem olvidar do consumo que desumaniza, como drogas, comércio de órgãos de crianças, armas, entre outros.

Parte integral de uma cultura são os valores, que são parâmetros que determinam o aceitável e o não aceitável no comportamento do ser humano, na busca de sua sobrevivência e na satisfação de suas necessidades espirituais e materiais. Quando surgem novos meios de sobrevivência, os valores mudam, mas alguns deles devem permanecer, indo além das especificidades culturais, como o respeito pelo outro com as suas diferenças; a solidariedade e a cooperação, que são valores universais, os quais constituem uma ética maior que é a ética da diversidade.

Enrique Leff (2006, p. 291) diz:

> Os sentidos que forjam o mundo se constroem discursivamente a partir de interesses sociais diferenciados. Todos os seres humanos possuem natureza humana, porém própria e diferenciada. Pensar educação ambiental é uma forma de resgatar a natureza individual dos seres, a diferença, a enorme diversidade humana.

No final do século XX, a responsabilidade das empresas começou a ser questionada e a cobrança era para diminuir o impacto sobre o meio ambiente. A empresa ambientalmente responsável precisa buscar compensar a natureza pelo uso de recursos e pelos impactos ambientais provocados. Financiar projetos, campanhas e investimentos de educação ambiental, com base ética expressa em valores e princípios adotados pela organização. Sem ética não há responsabilidade social, isto é, não adianta uma coisa sem a outra.

Para Ana Peliano (2012, n.p.), pesquisadora do Instituto de Pesquisa Econômica Aplicada (Ipea), "a ética pode reverter a catástrofe ambiental na sociedade". É a postura assumida perante a vida todos os dias que deve ser ética para que juntos possamos mudar o mundo.

Isabel Cristina de Moura Carvalho (2008, p. 138-139) afirma:

> O acolhimento e a reciprocidade vividos como norteadores éticos da relação do mundo humano com a natureza, questionam a postura onipotente e controladora que tem orientado a formação do sujeito moderno e dado o tom do processo civilizatório. Essa relação de controle, predição e manipulação da natureza, tão destacada pela ciência normativa como a única maneira de conexão com o mundo, é em grande parte a responsável pelo desenraizamento dos seres humanos do ambiente.

> Em contraposição a esse modo de alienação do mundo, que desresponsabiliza os seres humanos pelo cuidado com o que vive a seu lado, vários autores têm se manifestado sobre o sentido do cuidado, do morar, do habitar o mundo com uma atitude de convivência amistosa.

Vejo nisso a questão do discurso diferente da prática. Sabe-se o que deve ser feito, porém, devido a inúmeras causas, tais como desleixo, desrespeito à natureza, desvalorização do planeta, não se tem o devido cuidado em preservar o meio ambiente.

O filósofo Mauro Grun (1996. p. 112) no livro Ética e educação *ambiental*, diz: "A dimensão ética da educação ambiental deveria ser buscada na história recalcada de nosso relacionamento com o ambiente". Para sustentar uma ética ambiental, é preciso conhecer as multiformes compreensões dos conflitos das políticas ambientais. Essa ideia faz lembrar Chico Mendes, líder sindical, ecologista e seringueiro, um exemplo de liderança que soube manter a postura ética ante a sua comunidade, no entanto foi assassinado por contrariar interesses dos madeireiros e latifundiários.

Chico Mendes criou um movimento pacífico de resistência chamado "empates", para impedir o desmatamento da Amazônia. Foi condecorado pela ONU e ensinou ao mundo que é possível aproveitar os recursos naturais com sabedoria. Diante da crescente degradação da natureza, o ser humano dá o grito ético de não sacrificar mais a vida da humanidade e do planeta e o respeito aos seres vivos. É verdade que nem sempre a natureza nos inspira leis éticas, às vezes ela se comporta como quem está enraivecida, gritando de dor, e a ética então desce o nível da consciência da liberdade humana. E é aí que o ser humano exagerou a sua autonomia. Pensou-se que era divino e construiu bombas, gases venenosos, entre outros.

Dois princípios éticos são essenciais da educação ambiental: o princípio preservacionista e o princípio pedagógico-ambiental. O primeiro tem como função a preservação do meio ambiente, valendo-se de todos os canais possíveis, e o segundo se preocupa com a educação ambiental em todos os níveis.

A ética ecológica é fundamental porque ao mesmo tempo que conduz o ser humano a procurar soluções urgentes para os problemas ambientais, leva-o também à reflexão sobre o futuro ecológico e suas consequências para as próximas gerações.

Temos um dever para com o futuro da humanidade e para com toda a vida do planeta. O discurso precisa andar ao lado da prática. A ética deve encontrar formas de organizar a responsabilidade coletiva nos diversos planos possíveis, o que equivale a alargar a visão do individual para o coletivo e para todo o planeta. O ser humano é chamado a compartilhar a obra da criação; reconhecer que, como administrador da Terra, deve tratá-la cuidadosamente é a ética da responsabilidade e do cuidado.

3.1 A importância dos bens naturais

O pensador francês Michel Serres (1991.n.p), no livro *O contrato natural*, afirma que estamos sendo convocados a estabelecer um novo pacto, denominado de contrato natural, o qual poderíamos entender como um contrato social ampliado, desta vez incorporando a dimensão ambiental nos planos do futuro e na negociação do presente dos seres humanos. Nesse sentido trata-se de enfrentar o desafio de encontrar os caminhos possíveis para reunir as expectativas de felicidade humana e a integridade dos bens ambientais. A degradação de nossos ecossistemas está tão avançada que põe em risco o futuro da humanidade, como constata relatório que cerca de mil cientistas de 95 países realizaram após os quatro anos de pesquisas sob a égide da ONU.

Quase todos os dias jornais noticiam algum desastre relacionado ao clima, à temperatura, resultante do excesso de CO_2 na atmosfera em consequência da civilização industrial, do desmatamento e da morte das florestas. Todo esse processo altera os rumos normais da natureza. Os elementos que as florestas, as savanas e os oceanos contêm, assim como a sua função reguladora, são indispensáveis à nossa sobrevivência, pois purificam o ar, fornecem água doce, as reservas pesqueiras, os medicamentos, estabilizam o clima, limitam a erosão dos solos e o impacto das catástrofes naturais.

Os bosques, as aves, os rios, a bela experiência, o desfrute do meio ambiente, o ser humano perdeu o sentido de pertencer à natureza. "Quem crê que todas as coisas que existem no mundo são criadas por Deus para o nosso bem não agride a natureza", afirma o professor Rodolfo Gaede Neto no blog Portal Luterano (2012, n.p.). Muitos biólogos têm falado acerca do desequilíbrio ambiental. A falta de nutrientes causada pela acidez dos oceanos força os animais a mudar de habitat. Eles saem à procura de alimento, pois a acidez do mar quebrou a cadeia alimentar – desapareceram camarões, caranguejos etc.

Torna-se urgente uma nova concepção global da criação para modificações globais de comportamento, bem como em nível local no entender que a comunidade pode ajudar um ao outro e pensar saída de sobrevivência para o planeta e a humanidade. Um esforço global para reflorestar a terra, revitalizar e conservar o solo, aumentar a produção de água doce. Uma nova consciência sobre a reprodução humana.

Esta concepção nova tem de começar pela nossa casa na ação cotidiana, no consumo da água que bebemos, que lavamos os carros, as roupas; não só lembrar que temos água canalizada, mas lembrar que a água que nos oferecem, às vezes, mata com verminoses e pode vir a faltar. Na alimentação aproveitar todos os excedentes de legumes, verduras e cereais.

Enrique Leff (2006, p. 295) comenta:

> A exploração dos recursos naturais continua sujeita aos princípios da propriedade privada e às jurisdições dos Estados-nação, mais que aos direitos de propriedade e apropriação das comunidades e da sociedade no seu conjunto. Assim, os benefícios do acesso aos recursos considerados como "patrimônio da humanidade", isto é, os recursos dos mares, a biodiversidade, as bacias hidrográficas, a água, a atmosfera, etc., passa pela gestão do Estado.

Os cientistas e especialistas têm estudado as mudanças climáticas e sempre fazem questão de recordar a importância das riquezas naturais; o perigo a que estamos submetidos se não avançarmos na questão do cuidado e preservação do planeta.

O pesquisador Antônio Ocimar Manzi, (Tese Doutorado INPA/UEA, 2014) do Instituto Nacional de Pesquisa da Amazônia (Inpa 2015), apresentou resultados de estudos sobre os efeitos do desmatamento no contexto das mudanças climáticas, com base nos estudos internacionais sobre o tema e nas pesquisas feitas no âmbito do Instituto:

> Dada a quantidade de carbono sequestrada no processo de fotossíntese pelas florestas tropicais, explicou a importância da Amazônia aumenta no contexto do aquecimento global porque as florestas amazônicas armazenam 10 vezes a quantidade da emissão anual global de gases de efeito estufa. (MANZI,
>
> Tese Doutorado INPA/UEA, 2014, n.p.).

A Amazônia, uma das regiões do planeta com menor densidade populacional e cada vez mais relevante no cenário mundial, chamada de "pulmão do mundo", oferece grandes desafios para a defesa da soberania na região e para a própria atuação do Estado: imensidão territorial, grande extensão de fronteiras terrestres, conflito sobre domínio de terra e dificuldade de locomoção no inóspito ambiente da floresta, entre outros; porém, os cientistas têm dito que se o aquecimento global continuar, a temperatura da região aumentará dez graus. Nossa tarefa não se resume apenas em retirar da natureza os recursos para nossa sobrevivência, mas sermos responsáveis pela sua preservação.

3.2 A prática da educação na igreja

Já vimos que a sociedade e o mundo como um todo passam por uma crise ecológica nas diversas formas de devastação da natureza e que, nos inúmeros problemas sociais, atitudes e ações concretas são importantes e necessárias para superar a crise. Contudo, apesar de atualmente todos concordarem em ser preciso fazer algo a respeito do meio ambiente, ainda há muitos questionamentos, divergências e desconhecimento acerca da educação ambiental e uma falta considerável de conscientização sobre a natureza, os seres humanos e o ambiente.

A educação ambiental é um desafio grande demais para ser ignorado ou deixado de lado. Nesse sentido, há várias iniciativas que a igreja pode promover para cooperar na implantação de programas que visem influenciar positivamente as pessoas em redor, levando-as a uma conscientização ambiental e também sensibilizando outras pessoas na comunidade, com um compromisso de promover a reflexão. Uma postura correta diante da natureza seria o ideal para a igreja, que alcançaria uma visão globalizada e oportunidade de desenvolver projetos educacionais com enfoque na realização de problemas concretos.

É necessário ter um projeto educativo, participativo e crítico com raízes na educação, disposto a romper com posturas inadequadas e teóricas, assumindo uma prática que concebe uma educação imersa na vida dos congregados e de toda a comunidade. Buscar melhorar a condição ambiental de existência da comunidade (igreja), valorizando as atitudes de manejo do ambiente e explicar que também no espaço igreja se dá na prática diária o encontro com a natureza e o ser humano é uma tarefa importante que a sociedade tem.

Para tais práticas serem implantadas, depende do desenvolvimento social local, da capacidade de resolver problemas, analisar as consequências ambientais das escolhas coletivas dos congregados e decidir melhorar a qualidade de vida de todos. Passos serão dados à medida que a comunidade como um todo for inserida no programa.

Isabel Cristina de Moura Carvalho (2008, p. 158) comenta que:

> A preocupação com os problemas ambientais locais ajuda a criar esse novo espaço de relações

> que, sem excluir a escola, a expande e constitui a comunidade como um novo ator nessa dinâmica, estabelecendo novos vínculos de solidariedade. Trata-se, enfim, de gerar novas reciprocidades entre a escola, a comunidade e a realidade socioambiental que as envolve.

No tocante ao espaço "igreja", a realidade não é diferente e pode ser aplicada ao contexto, uma vez que a igreja pretende provocar processos de mudança, influenciar positivamente as pessoas a se verem como participantes do projeto divino e no dever de preservação da natureza criada por Deus.

Pretende conduzir os membros da comunidade a verificar e cobrar políticas ambientais que são estritamente necessárias para manter um desenvolvimento sustentável, o que não deixa de ser uma forma de reaproveitamento do lixo como também fonte geradora de emprego. Além disso, implantar coleta seletiva na igreja e orientar os membros a adotá-la também em suas casas, em seus locais de trabalho e escolas. Como?

Separando o lixo dentro de casa – não jogar tudo no mesmo recipiente que vai para o aterro sanitário; baterias devem ser devolvidas onde foram adquiridas; esclarecer os motivos para a separação do lixo. A reciclagem de uma única lata de refrigerante, representa uma economia de energia equivalente a três horas com a televisão ligada. Uma garrafa de vidro demora cinco mil anos para se decompor. O reaproveitamento da lata rende 30 milhões de reais por ano. Reciclar uma tonelada de alumínio gasta 95% menos energia do que fabrica a mesma quantidade. Uma tonelada de alumínio usado reciclado representa cinco de minério extraído poupado.

Para cada garrafa de vidro reciclado é economizada energia elétrica suficiente para acender uma lâmpada de 100 watts durante quatro horas. A reciclagem de 10.853 toneladas de vidro preserva 12 mil toneladas de areia. A reciclagem de 18.679 toneladas de papel preserva 637 mil árvores. A reciclagem de 6.405 toneladas de metal preserva 987 toneladas de carvão.

Importante lembrar que fazemos parte do planeta terra e a contribuição de cada pessoa é essencial para a convivência harmoniosa com a natureza.

Além disso há pequenas coisas que podem ser feitas como, a instalação de recipientes coloridos para coleta de plástico, papel colorido e papel branco, metal, vidro e lixo orgânico (restos de alimentos, cascas de verduras e frutas). A Exibição de vídeos sobre reciclagem e palestras, ensinando como reaproveitar o lixo orgânico de diversas maneiras, as cascas, os talos das verduras e legumes.

Falar também sobre o lixo orgânico sobre o processo de compostagem, que pode ser feito em quintais e não necessita de uma superestrutura para a realização desse processo. A produção de adubos pode ser comercializada, ou usada em plantas. Promover ações profiláticas, voltadas para a comunidade no sentido de, por meio de *workshops*, oficinas e cursos, ensinar como manipular os alimentos, técnicas de higiene, aproveitamento dos alimentos e valor nutricional deles.

Orientar as pessoas que sejam donas de estabelecimentos comerciais, vendedoras de acarajé sobre como descartar o óleo utilizado no preparo de alimentos sem agredir o meio ambiente. É tarefa dos órgãos governamentais O óleo vegetal, também conhecido como óleo de cozinha, e o azeite de dendê são reutilizados na fabricação de produtos como sabão, tinta, cosméticos e óleo combustível (biodiesel).

Na hora do banho, não deixar o chuveiro aberto – consome em média 30 litros de água a cada cinco minutos – enquanto ensaboa-se o corpo; não desperdiçar água. Substituir válvulas de descargas embutidas na parede pelo uso de caixas d'água acopladas ao vaso sanitário. Enquanto as primeiras despejam numa única descarga até 30 litros de água, as acopladas ao vaso gastam apenas 6 litros. Cuidar para que torneiras não fiquem pingando. Não deixar o carro desregulado ou sem revisão. Não abusar dos produtos de limpeza. Não atirar lixo pela janela. Ter sempre um saquinho no carro, na bolsa. Informar-se sempre como se comportar de forma sustentável. Sempre desligar as luzes ao sair dos cômodos.

Necessidade de equilíbrio no uso e consumo das coisas, oposição ao consumismo desenfreado e desvairado, olhando o bem tanto da pessoa como do ambiente no cuidado e preservação do local em que se vive, lembrando e conscientizando que Deus deu ao ser humano condições para cuidar do planeta em que vivemos: recursos naturais e inteligência. Implantar oficinas e palestras sobre redução, reutilização e reciclagem, para sensibilizar a comunidade, sempre incentivando a mudança de hábitos. Captar a água da chuva por meio de cisternas e as águas servidas para serem usadas nas descargas dos vasos sanitários. Procurar investigar o encanamento de água de cada casa, localizando o hidrômetro (aparelho que mede a quantidade de água consumida nas casas).

Para verificar o consumo e alguns problemas com o gasto de água é bom fazer algumas coisas, por exemplo: colocar uma vasilha dentro de uma pia e lavar as mãos, deixando cair toda a água nesse recipiente; depois conte quantos copos de água estão na vasilha (quatro copos equivalem a um litro); quantos litros de água foram gastos para lavar as mãos? A mesma coisa deve ser feita para analisar o gasto ao escovar os dentes e tomar banho.

Formar equipes de agentes disseminadores da educação ambiental, sensibilizando toda a comunidade. Dinâmicas com o grupo para que haja a percepção dos impactos ambientais e o repensar das ações. Capacitar por meio de estudos e debates sobre o tema educação ambiental. Observar se está havendo desperdício de qualquer espécie em casa e na igreja.

Priorizar a compra de produtos recicláveis, que sejam reutilizáveis. Lembrar que o isopor pode ser reciclado, devendo ser colocado junto com os plásticos na coleta seletiva. Após a reciclagem, volta a ser matéria-prima e é utilizado na fabricação de brinquedos decorativos, solados para sapatos, rodapés, peças técnicas leves e insumo. Só não pode ser mais utilizado para embalagens de alimentos.

Mostrar a todos que somos responsáveis pelo lixo e pela sua destinação e mudar a postura no tratamento deste, visando melhorar a qualidade de vida. A educação ambiental contribui para que a sociedade seja incentivada a participar, sendo chamada para reestruturar seus valores, com o fim de mudar culturalmente em relação ao meio ambiente, formando opiniões e comprometendo-se com as próximas gerações.

Com ganhos para a comunidade – com a educação ambiental –, o lixo deixará de ir para os atuais vazadouros, aumentando sua vida útil, além de evitar formação de lixeiras clandestinas nas valas, contribuindo para melhorar a qualidade de vida no bairro e na cidade, pois as pessoas após a aprendizagem multiplicariam a visão, levando-a para familiares e outros ambientes.

Reaproveitamento das sobras – consumir apenas o necessário, levando em consideração o meio ambiente e a sociedade em nossas escolhas de consumo.

Difusão de práticas de consumo consciente – informações por meio da sensibilização das pessoas da comunidade, sendo um militante da causa ambiental.

3.3 Produção caseira para diminuir impactos no meio ambiente

Alguns produtos de limpeza podem ser feitos em casa e, além da economia, minimizam os impactos no meio ambiente. Preferir produtos de limpeza naturais é uma alternativa para evitar substâncias químicas.

A) Detergente ecológico multiuso

Água, vinagre, amônia líquida (amoníaco), bicarbonato de sódio e ácido bórico. Em um litro de água morna, colocar uma colher de sopa de vinagre, uma colher de sopa de amoníaco, uma colher de sopa de bicarbonato de sódio e uma colher de sopa de bórax ou ácido bórico. Utilize-o em qualquer tipo de limpeza, em substituição aos multiusos convencionais. Manter fora do alcance das crianças e dos animais.

B) Desinfetante para banheiro

1 litro de álcool, 4 litros de água, 1 sabão caseiro, folhas de eucalipto. Deixar as folhas de eucalipto de molho no álcool por dois dias. Ferver 1 litro de água com o sabão ralado, até dissolvê-lo, juntar a água e a essência de eucalipto. Engarrafar.

C) Sabão líquido para louça

2 litros de água, 1 sabão caseiro ralado, 1 colher de óleo de rícino, 1 colher de açúcar. Ferver todos os ingredientes até dissolver e engarrafar.

D) Detergente ecológico

1 pedaço de sabão de coco neutro, 2 limões, 4 colheres de sopa de amoníaco. Derreter o sabão de coco, picado ou ralado, em um litro de água. Depois acrescentar cinco litros de água fria. Em seguida, espremer os limões. Por último despejar o amoníaco e misturar bem. Guardar o produto em garrafas. É um detergente que não polui e o valor econômico é menor que o similar industrializado.

E) Amaciante de roupas

5 litros de água, 4 colheres de glicerina, 1 sabonete ralado, 2 colheres de sopa de leite de rosas. Ferver 1 litro de água com o sabonete ralado até dissolver. Acrescentar mais 4 litros de água fria, as 4 colheres de glicerina e as 2 colheres de leite de rosas. Mexer bem até misturar e depois engarrafar.

F) Limpador de janelas e espelhos

Para limpeza de rotina, use 3 colheres de vinagre diluídas em 11 litros de água quente. Se o vidro estiver muito sujo, primeiro limpe-o com água e sabão. Para secar superfícies, utilize tecido de algodão reutilizado ou jornal velho.

G) Limpador para janelas

Misturar ½ xícara de álcool, 2 xícaras de água e uma colher de sopa de amoníaco. Colocar luvas e aplicar a solução com um pedaço de pano.

H) Para limpar janelas e esquadrias de alumínio

Para manter janelas e esquadrias de alumínio sempre brilhando como novas, é só limpá-las uma vez por mês com uma mistura de óleo de cozinha e álcool, em partes iguais. Em seguida, passar pano macio ou flanela.

I) Limpador para pisos de cerâmica

Misturar em um balde 3,5 litros de água com ¾ de xícara de vinagre branco e ½ xícara de amoníaco. Lavar o piso como de costume.

J) Limpar o banheiro

Usar escova com bicarbonato de sódio e água quente. Para pias, deixar descansar durante a noite enxaguando pela manhã. Para limpar bacias, aplicar uma pasta de bórax e suco de limão. Deixe por algumas horas e dê descarga. Ou utilizar uma solução forte de vinagre.

K) Para limpar carpetes e tapetes

Misturar 2 partes de fubá com uma parte de bórax, pulverizar generosamente. Deixar descansar por uma hora e aspirar. Uma desodorização rápida pode ser obtida pulverizando-se o carpete com bicarbonato e aspirando logo a seguir.

L) Limpeza do forno

Basta uma solução de água quente com bicarbonato de sódio, que deve ser passada com um pano fino

M) Limpeza de panelas e formas queimadas

Cobrir a área com uma fina camada de bicarbonato de sódio e água e deixar descansar por algumas horas antes de lavar.

N) Desodorante de ambiente

Pode ser substituído por uma solução de ervas com vinagre ou suco de limão. Além de gastar menos dinheiro, evitam-se produtos responsáveis pelo aumento de doenças respiratórias e alergias. Não utilizar naftalinas, que afetam o fígado e os rins. Utilizar sempre saches com flores de lavanda.

O) Receitas de sabão

O sabão caseiro tem como ingredientes básicos: gordura, soda cáustica, água. A gordura pode ser sebo de gado, banha ou gordura de aves, que dá um sabão de boa qualidade, desde que misturada à outra. Abacate, quando está sobrando, também pode ser usado como base gordurosa. Pode-se também aproveitar sobras de gordura da cozinha. Antes do uso, elas devem ser lavadas assim: 1 parte de água e 1 parte de gordura. Levar ao fogo para ferver. Tirar do fogo, mexer bem e acrescentar 1 litro de água fria para cada litro quente. As substâncias estranhas ficarão depositadas no fundo do recipiente. Quando fria, a gordura ficará solidificada.

3.4 Dicas contra o impacto no meio ambiente

- não consumir produtos que ajudam a liberar gases na atmosfera, como o isopor e o alumínio;

- usar durante o dia a luz natural, economizando na conta de energia elétrica;

- conscientizar amigos e familiares da ação que cada um tem sobre o meio ambiente. Agir localmente para alcançar maiores resultados;

- não fazer usos de aerossóis de CFC, Além da fabricação proibida no país, o clorofluorcarbono impacta sobe a atmosfera, diminuindo a camada de ozônio;

- a fabricação de isopor e de alumínio ajuda a liberar gases na atmosfera. Não consumir tais materiais;

- usar o produto natural de várias aplicações: o vinagre mata germes e bactérias;

- substituir as lâmpadas incandescentes por lâmpadas economizadoras.

3.5 Princípios da educação para sociedades sustentáveis e responsabilidade global fonte desses princípios

1. a educação é um direito de todos, somos todos aprendizes e educadores;

2. a educação ambiental deve ter como base o pensamento crítico e inovador, em qualquer tempo ou lugar, em seus modos formal, não formal e informal, promovendo a transformação e a construção da sociedade;

3. a educação ambiental é individual e coletiva. Tem o propósito de formar cidadãos com consciência local e planetária, que respeitem a autodeterminação dos povos e a soberania das nações;

4. a educação ambiental não é neutra, mas ideológica. É um ato político baseado em valores para a transformação social;

5. a educação ambiental deve envolver uma perspectiva holística, enfocando a relação entre o ser humano, a natureza e o universo de forma interdisciplinar;

6. a educação ambiental deve estimular a solidariedade, a igualdade e o respeito aos direitos humanos, valendo-se de estratégias democráticas e interação entre as culturas;

7. a educação ambiental deve tratar as questões globais críticas, suas causas e interrelações em uma perspectiva sistêmica, em seus contextos social e histórico. Aspectos primordiais relacionados ao desenvolvimento e ao meio ambiente, tais como população, saúde, democracia, fome, degradação da flora e fauna, devem ser abordados dessa maneira;

8. a educação ambiental deve facilitar a cooperação mútua e equitativa nos processos de decisão, em todos os níveis;

9. a educação ambiental deve recuperar, reconhecer, respeitar, refletir e utilizar a história indígena e culturas locais, assim como promover a diversidade cultural, linguística e ecológica. Isto implica uma revisão da história dos povos nativos para modificar os enfoques etnocêntricos, além de base que estimulem os setores populares da sociedade, bem como a educação bilíngue;

10. a educação ambiental deve estimular e potencializar o poder das diversas populações, promover oportunidades para as mudanças democráticas de base que estimulem os setores populares da sociedade. Isso implica que as comunidades devem retomar a condução de seus próprios destinos;

11. a educação ambiental valoriza as diferentes formas de conhecimento. Este é diversificado, acumulado e produzido socialmente, não devendo ser patenteado ou monopolizado;

12. a educação ambiental deve ser planejada para capacitar as pessoas a trabalharem conflitos de maneira justa e humana;

13. a educação ambiental deve promover a cooperação e o diálogo entre indivíduos e instituições, com a finalidade de criar novos modos de vida, baseados em atender às necessidades básicas de todos, sem distinções étnicas, físicas, de gênero, idade, religião, classe ou mentais;

14. a educação ambiental requer a democratização dos meios de comunicação de massa e seu comprometimento com os interesses de todos os setores da sociedade. A comuni-

cação é um direito inalienável, e os meios de comunicação devem ser transformados em um canal privilegiado de educação, não somente disseminando informações em bases igualitárias, mas também promovendo intercâmbio de experiências, métodos e valores;

15. a educação ambiental deve integrar conhecimentos, aptidões, valores, atitudes e ações. Deve converter cada oportunidade em experiências educativas de sociedades sustentáveis;

16. a educação ambiental deve ajudar a desenvolver uma consciência ética sobre todas as formas de vida com as quais compartilhamos este planeta, respeitar seus ciclos vitais e impor limites à exploração dessas formas de vida pelos seres humanos.

Todos esses princípios são norteados para sociedades sustentáveis com os demais tratados aprovados durante a Rio-92, com o fim de sensibilizar as populações para a constituição de Conselhos Populares de Gestão de Ambiente, visando investigar, debater, decidir e informar sobre as políticas ambientais.

Com ações educativas são promovidos a criação e o fortalecimento de redes nacionais e mundiais. Já imaginou se as redes de comunicação se transformassem em instrumentos educacionais para preservar os recursos naturais?

CONCLUSÃO

Diante do quadro apresentado neste trabalho sobre as questões ambientais e a atuação ineficiente e incipiente da igreja, aumentou minha responsabilidade na disseminação do tratamento que deve ser dado a questões como essas. É necessário o enfrentamento deste modelo, pois, para ser desfeito o silêncio que foi colocado sobre o tema no meio da igreja, algumas atitudes deverão ser tomadas.

Não dá mais para aceitar a irresponsabilidade ambiental como assunto apenas de responsabilidade governamental. Todos somos responsáveis e o assunto é de grande importância, especialmente para a vida da igreja.

A vida é sempre mudança e movimento. Ao contemplarmos os frutos do solo, do sol, da água e do ar, estamos crescendo, interagindo, movendo, organizando, vivendo, aquecendo e morrendo. Conforme mudanças vão acontecendo, brota uma réstia de esperança de que há muito para fazer; é preciso correr e, mesmo que a marcha seja lenta, não se pode parar em meio ao caminho.

A saúde da população de baixa renda, populações marginalizadas, a destruição e devastação da Terra têm sido as constantes notícias. Em muitos casos o uso adequado dos recursos ambientais evitaria muitas tragédias.

Tomando por base que Deus é o Criador e sustentador do Universo e que a Bíblia é o livro norteador dos cristãos, a igreja deve ouvir o clamor da natureza, cuidar e preservar de tudo o que foi criado pelo Todo-Poderoso, o grande criador. Uma das razões pelas quais me sinto atraída pelo tema é que me ajudou a compreender a mudança em minha própria vida e no meu habitat. Fez-me aguardar o futuro com expectativa, sabendo com mais clareza qual a missão a realizar no mundo com referência ao meio ambiente e às questões que o cercam.

Talvez um dia sejamos maduros quanto a essas questões ambientais e cuidemos com mais afinco e dedicação de tudo que diz respeito à bela e nobre natureza. Deus, como Criador e protetor da Terra, espera que os seus filhos possam cuidar, respeitar o que Ele fez e, em obediência, cultivar para as nossas próprias gerações e as futuras.

Entendo que a ação educacional na igreja será o divisor de águas para um deslanchar, um desbravar por meio de atos e atitudes que adolescentes, jovens, mulheres e homens, conclamando a todos a valorizar os recursos ambientais. Assegurar a democratização do acesso aos recursos ambientais e a sustentabilidade do seu uso devem constar na meta que vise a um conjunto de práticas e princípios norteadores para todo o grupo/comunidade.

A promoção de intercâmbio de ideias e experiências entre os multiplicadores na esfera ambiental, além da organização, ampliará a cooperação entre todos e mudanças serão vistas em toda a esfera dos membros e congregados da igreja. Se nada for feito, e continuarmos a ignorar as grandes mudanças que estamos provocando, poderemos acabar deixando um péssimo legado para a nova comunidade que virá depois de nós. A conscientização para a comunidade proporcionará valorização das percepções ambientais, cursos para a sensibilização dos membros envolvidos com o meio ambiente, e ações em favor da sustentabilidade trarão a curto e médio prazo um crescente e satisfatório desenvolvimento em busca da preservação da natureza.

O ser humano é essencial à redenção do meio ambiente. É ele quem vai resgatar e redimir a natureza caída, com ações benéficas, com cuidado reutilizando o que pode ser reutilizado. Reciclar, reduzir a produção de lixo no meio ambiente e cuidar do consumismo que tanto tem contribuído para o aumento da degradação ambiental é também um desafio nesta luta da educação ambiental.

REFERÊNCIAS

ABRANTES, José. Brasil é campeão mundial dos desperdícios. *Revista Família Cristã*, Rio de Janeiro, p. 51-53, 01 maio 2008.

BARBOSA FILHO, José. In: MARIA, A.; PEREIRA, A.; DE MESTRADO, D. *Universidade Federal do Amazonas Programa de Pós-Graduação em Ciências Florestais e Ambientais Valoração Econômica dos Impactos Ambientais em Assentamentos Rurais de Rorainópolis -RR.* [s.l: s.n.]. Disponível em: https://tede.ufam.edu.br/bitstream/tede/4510/2/Disserta%C3%A7%-C3%A3o%20-%20Ana%20Maria%20Alves%20Pereira.pdf. Acesso em: 08 jan. 2019.

BERNA, Vilmar. *A consciência ecológica na administração*: passo a passo na direção do progresso com respeito ao meio ambiente. São Paulo: Paulinas, 2005.

BERNA, Vilmar. *Como fazer educação ambiental.* São Paulo: Paulus, 2001.

BÍBLIA. *Bíblia Sagrada.* Tradução de João Ferreira de Almeida. 1º ed. Rio de Janeiro: Editora Sociedade Bíblica do Brasil, 1998.

BLANC, Claudio. O que você faz pelo planeta. Guia Aquecimento Global, *On Line Editora*, ano 1, n. 3, p. 36-41, 10 set. 2017.

BOFF, Leonardo. Carta da Terra. *Revista Ecologia e Desenvolvimento*, São Paulo, v. 9, n. 17, 2012.

WAHBE, Alexandre. *Nova Ordem Educacional*: Da sociedade da informação a Carta da Terra: prefácio de Leonardo Boff. [s.l]: Publicado de forma independente, 2019.

BOFF, Leonardo. Grito da Terra, Grito dos pobres. *Revista Ecologia*. São Paulo: Editora Ática, 1995.

BOFF, Leonardo. Saber cuidar: ética do humano – compaixão pela Terra. Petrópolis: *Revista Vozes*, 1999.

BRASIL. Casa Civil. Subchefia para Assuntos Jurídicos. Constituição da República Federativa do Brasil. Brasília, 05 out. 1988. Art. 25. Disponível em: http://www.planalto.gov.br/ccivil_03/constituicao/constitui%-C3%A7ao.htm. Acesso em: 20 abr. 2019.

CADERNOS DOS FRANCISCANOS, n. 3, p. 25. Disponível em: https://www.antonianumroma.org/public/pua/bibliografia/B34_Scoto_Dialogo_Caderno_37_MCN.pdf. Acesso em: 20 abr. 2019.

CALWELL, Cris. 50 pequenas coisas que você pode fazer para salvar a Terra. São Paulo: *Revista Best Seller*, 1989.

CARVALHO, Isabel Cristina de Moura. *Educação ambiental*: a formação do sujeito ecológico. 4. ed. São Paulo: Cortez, 2008.

CLAPP, Rodney. O consumismo de fio a pavio. *Revista Ultimato*, Rio de Janeiro, n. 246, s/p. maio 1997.

CLARCK, James. O planeta dos nossos netos. *Revista Galileu*, São Paulo, 2000.

COMISSÃO INDEPENDENTE SOBRE ASSUNTOS HUMANITÁRIOS INTERNACIONAIS. A agonia das florestas. 2003. p. 26.

CRUZ, Gloria Dias da. As riquezas que jogamos fora. *Revista Ecologia e Desenvolvimento*, Rio de Janeiro, v. 77, p. 46-51, 2001.

FERNÁNDEZ, Javier Gafo. 10 palavras-chave em bioética. São Paulo: Paulinas, 2000.

FEUERBACH, Ludwig. A essência do cristianismo. Campinas: Papirus, 1988.

GAEDE NETO, Rodolfo. (Faculdades EST, 2010), publicado no blog da Igreja Luterana. Disponível em: <https://www.luteranos.com.br/textos/rodolfo-gaede-neto-1951>

GAFO FERNÁNDEZ, Javier. *10 palavras-chave em Bioética*. São Paulo: Paulinas, 2000. p. 318, 329.

GALVÃO, Antonio Mesquita. *Bioética*: a ética a serviço da vida: uma abordagem multidisciplinar. Aparecida: Editora Santuário, 2004.

GEERTZ, Clifford. *A interpretação das culturas.* Rio de Janeiro: LTC, 2008.

GIANNELLA JÚNIOR, Fúlvio. *Revista Família Cristã*, São Paulo, n. 6, maio 2008.

GORE, Al. *A Terra em balanço*: ecologia e o espírito humano. 2. ed. São Paulo: Gaia, 2008. p. 169, 182.

GRÜN, Mauro. Ética e educação ambiental. Campinas: Papirus, 1996. p. 112. Disponível em: https://www.almg.gov.br/export/sites/default/acompanhe/eventos/hotsites/2016/encontro_internacional_saude/documentos/textos_referencia/00_palavra_dos_organizadores.pdf. Acesso em: 01 jul. 2019.

HUGO, Victor. *Zero Hora*, Porto Alegre, ano 56, n. 19.524, 8 de outubro de 2019, p. 40.

JENNINGS, Junior.; WILLIAM, Theodore. Wesley e o mundo atual. São Bernardo do Campo: *Editeo*, 2007.

JÚNIOR, Fulvio Giannella. Dinheiro jogado fora. *Revista Família Cristã*, São Paulo, n. 6, maio 2008.

KENSKI, Rafael. O fim do mundo começou. *Revista SuperInteressante*, São Paulo, n. 218, out. 2005.

KILPP, Nelson. *Espiritualidade e compromisso*: dez boas razões para... orar; praticar a justiça; cuidar da criação; acolher o outro; compartilhar. São Leopoldo: Sinodal, 2008.

KLABIN, Roberto. Entrevista concedida à *revista IstoÉ,* 09 jun. 2004.

LEFF, Enrique. Ecologia, capital e cultura: a territorialização da racionalidade ambiental. Petrópolis: *Revista Vozes*, 2009.

LEFF, Enrique. *Racionalidade ambiental*: a reprodução social da natureza. Tradução de Luis Carlos Cabral. Rio de Janeiro: Civilização Brasileira, 2006.

LEFF, Enrique. Saber ambiental: sustentabilidade, racionalidade, complexidade, poder. Petrópolis: *Revista Vozes*, 2001.

LIX. Do latim LIX, que significa escória, cinza. *Dicionário Escolar da Língua Portuguesa.*

LUTZENBERGER, José A. *Fim do futuro?* Manifesto ecológico brasileiro. Porto Alegre: Movimento, 1978.

MANZI, Antonio Ocimar. *Medições de gases de efeito estufa e variáveis ambientais em reservatórios hidrelétricos na Amazônia central* Tese Doutorado INPA/UEA, Manaus, 2014.

MOLTMANN, Jürgen. Doutrina ecológica da criação: doutrina ecológica da criação. Petrópolis: *Vozes*, 1993. p. 27.

MORIN, Edgar. Os sete saberes necessários à educação do futuro. Revisão técnica de Edgard de Assis Carvalho. 2. ed. São Paulo: Cortez; Brasília: Unesco, 2000.

NEVES, Estela; TOSTES, André. Meio ambiente: a lei em suas mãos. Petrópolis: *Vozes*, 1992.

NUNES, Vera. A lição do lixo. *Revista Novo Olhar*, São Leopoldo, v. 27, p. 12-17, maio-jun. 2009.

O site de Receitas. *Receitas: reaproveitamento integral de alimentos.* Disponível em: <https://receitas.globo.com/regionais/eptv/mais-caminhos/receitas-aproveitamento-integral-de-alimentos-g.ghtml> Acesso em: 20 abr. 2019. dá diversas receitas de reaproveitamento.

PALAVIZINI, Roseane. Jornal Meio Ambiente. Disponível em: http://chrome-extension://efaidnbmnnnibpcajpcglclefindmkaj/https://jornal.usp.br/wp-content/uploads/2019/10/VF4_carta-aberta.pdf. Acesso em: 20 jun. 2020.

PASCARELLI FILHO, Nelson. *Educando para a preservação da vida.* Rio de Janeiro: Wak Editora, 2011.

PEREIRA, Maria Helena Guimarães. Reaproveitamento de alimentos. *Revista Ecologia e Desenvolvimento*, Rio de Janeiro, n. 100, 2002.

PETRIE, Alistair P. *Liberando o céu sobre a terra.* Rio de Janeiro: Danprewan, janeiro 2007. p. 228.

PIERATTI, Rejane. *Cartilha coleta seletiva solidária Caixa.* Disponível em: https://vdocuments.com.br/cartilha-coleta-seletiva-solidaa1ria-caixa. html. Acesso em: 20 jun. 2020.

PLANETA ORGÂNICO. *Compostagem.* Disponível em: http://www. planetaorganico.com.br/composto2.htm. Acesso em: 01 jul. 2020.

PORRIT, Jonathan. *Salve a Terra.* São Paulo: Círculo do Livro, 1991.

RAMOS, Ariovaldo. Entrevista – *Revista Comunhão.* Disponível em: https://comunhao.com.br/entrevista-ariovaldo-ramos/. Acesso em: 20 jun. 2020.

REIMER, Haroldo. *Toda a criação*: ensaios de Bíblia e ecologia. São Leopoldo: Oikos, 2006.

ROGERS, Elizabeth; KOSTIGEN, Thomas. *O livro Verde.* Tradução de Bernardo Araújo. Rio de Janeiro: Editora Sextante, 2009.

SANTOS, Luiz Enrique Sacchi. *Biologia dentro e fora da escola.* São Paulo: Editora Mediação, 2000.

SERRES, Michel. *O contrato natural.* Rio de Janeiro: Nova Fronteira, 1991.

SINE, Tom. *O lado oculto da globalização*: como defender-se dos valores da nova ordem mundial. São Paulo: Mundo Cristão, 2001.

STOTT, John. Crer é também Pensar. 1. ed. Viçosa, MG: Editora Ultimato, 2012.